유아교과교재 연구 및 지도법

유아교과교재 연구 및 지도법

백은주·한선아·강민정·박지선 공저

A STUDY OF TEACHING MATERIALS
FOR YOUNG CHILDREN

동 문 사

preface

머리말

놀이가 곧 학습과정인 유아들은 교재·교구를 통해 동기를 부여받고 다양한 개념을 습득하며 전인적 발달을 도모한다. 추상적 사고와 문자 해독능력이 부족한 유아기에는 교재·교구를 탐색, 조작, 놀이하는 과정에서 경험한 것을 내면화하고 다양한 개념을 형성하며 교재·교구를 활용한 놀이를 통해 활동 내용을 명료하게 이해하고 더욱 깊이 탐색하고자 하는 동기를 부여받게 되므로, 교재·교구는 유아의 활동을 더욱 심화시키고, 확대시킨다.

교재·교구는 교사–유아, 유아–유아 간 상호작용의 내용을 결정하는 매개체로서 교육의 내용과 질을 결정하며 적절하게 갖추어진 교구는 프로그램의 질적 수준에 영향을 미치는 중요한 요인이 된다. 즉, 교재·교구를 통해 유아들은 교재·교구를 활용하여 놀이하면서 그 안에서 이루어지는 상호작용을 통해 언어를 발달시키고, 직접 조작하고 만지며 탐색 및 관찰하는 과정에서 신체 및 감각능력을 발달시킨다. 또한, 또래와 함께 교재·교구를 사용하며 차례와 규칙, 양보, 배려 등 친사회적 행동을 형성하게 되고, 창의성과 예술성을 갖춘 표현능력을 기름으로써 전인발달을 하게 된다.

이렇듯 교육에서 중요한 교재·교구는 교육 현장에서 유아를 가르치고 접하며 교육 흐름과 유아의 특성에 대한 민감함을 느끼는 교사가 직접 제작할 수 있어야 한다. 이에 예비유아교사과정에서부터 유아의 발달수준 및 교육내용 등에 적합하게 교재·교구를 선택할 수 있는 시야와 제작할 수 있는 경험을 통해 전문성을 길러야 한다. 이러한 역량을 갖추는 데 도움이 되도록 이 책은 다음과 같은 내용으로 구성되었다.

1부는 교재·교구에 대한 이론으로 교재·교구가 왜 필요한지 그 중요성에 대해 알 수 있는 내용을 담았다. 교재·교구의 개념, 교재·교구의 필요성 및 중요성, 교재·교구의 선정기준, 교재·교구의 유형, 교재·교구의 제작·보관 그리고 영아와 유아별로 발달에 적합한 교재·교구에 관한 내용이 제시되어 있다.

2부와 3부는 활동유형별·영역별로 수업을 효율적으로 실시하기 위하여 어떠한 교재·교구를 준비하고 활용해야 하는지에 대한 내용이다. 먼저 교재·교구를 제작하는 데 필요한 자료를 소개하고 제작과정을 제시하였다. 그리고 교재·교구를 활용하여 할 수 있는 각 교과별 수업의 예를 제시하였다.

이 책을 통하여 예비유아교사가 효율적인 교재·교구를 제작하고 더 나아가 이를 바탕으로 좀 더 나은 교육을 향할 수 있도록 하고자 한다.

2019년 2월
저자 일동

Contents

차 례

contents

Part 03 영역별 교재·교구의 제작 및 활용

Chapter 9 역할 영역

Chapter 10 수·조작 영역

Chapter 11 언어 영역

1

Part

교재·교구의 기초

Chapter 1

교재·교구에 대한 이해

1 교재·교구의 개념

유아는 놀이를 통해 학습한다. 이는 유아교육을 다른 초·중등교육과정과 구별짓는 특징이 되기도 한다. 또한 유아교육은 교사, 유아, 교재·교구의 3요소에 의해 이루어지는 활동이라는 점에서 유아가 놀이를 통해 조화로운 성장·발달하기 위해서는 이들의 발달 특성에 적합한 교재·교구를 제공하는 것이 필요함을 알 수 있다.

교재·교구와 유사한 용어로, 교육자료(educational materials resources), 교수매체(instructional media), 교수–학습자료(teaching-learning materials) 등이 함께 사용되기도 한다. 그러나 유아교육 현장에서는 유아가 활동에서 사용하는 자료, 놀잇감, 환경구성자료, 그림자료, 실물, 장난감 등을 포함해 유아의 성장발달에 도움을 제공하기 위해 사용하는 모든 자료를 교재·교구로 통칭하는 것이 일반적이다. 교재·교구의 정의는 "교육의 목표를 효과적으로 달성하기 위해 선택된 언어적 또는 비언어적 도구"로, 언어적인 것을 교재, 비언어적인 것을 교구라 하여 구별하기도 한다(네이버 백과사전, 2019). 또한 교구란 교육활동에서 매체를 제시하는 구체물로서 유아들이 학습할 내용과 활동을 연결하여 학습목표를 달성하기 위한 내용을 여러 가지 형태로 제시하는 데 쓰이는 물품이며, 교재란 교육목표를 달성하기 위해 유아들이 학습할 내용이며 각종 정보 제시 기기를 통하여 제시되는 교수자료로 보기도 한다(김유정·김정원, 2011). 사실상 교재와 교구를 명확히 구별짓는 것은 쉽지 않은 일이며, 유아들의 놀이 환경에 제공되는 모든 놀잇감이나 환경구성자료, 그림자료, 실물, 장난감 등을 포함하여, 유아의 성장발달에 도움을 주는 모든 자료를 교재·교구라고 정의할 수 있다.

교재·교구의 교육적인 기능을 네 가지로 나누어 제시하면 다음과 같다(권옥자 외, 2015).

1) 매개적 보조 기능

교재·교구는 교사가 학습자를 가르칠 때 보조 수단으로 사용하는 것으로, 교재·교구를 사용하면 교사와 학습자가 의사소통을 보다 원활하게 할 수 있으며, 학습시간을 줄일 수 있어 수업을 좀 더 효율적으로 수행하게 되는 것을 말한다.

2) 정보전달 기능

매체가 지닌 여러 가지 장면, 시공간을 초월하고 다감각적으로 정보를 전달할 수 있는 능력을 수업 상황에서 학습내용과 학습자의 특성에 맞게 효과적으로 이용하는 것을 말한다.

3) 학습경험 구성 기능

학습자는 교재·교구를 통해서 학습을 할 수도 있지만 교재·교구 자체를 학습 대상으로 삼아 기능적인 경험을 습득할 수 있음을 말한다.

4) 교수 기능

교재·교구를 효과적으로 활용하여 학습자의 지적 기능을 개발시키는 것으로 다음과 같이 설명할 수 있다. 첫째, 교재·교구는 주의집중을 할 수 있도록 동기를 유발하며, 둘째, 학습을 촉진시켜 주고 지적 활동을 원활하게 하며, 셋째, 지각·인지·표현능력을 증진시켜줄 수 있기 때문에 적절하게 사용하면 교수 기능을 효율적으로 수행할 수 있게 된다.

2 교재·교구의 필요성 및 중요성

유아는 주변 환경에 대해 끊임없는 흥미와 호기심을 가지고 탐색하고 반응하며 감각기관을 활용한 다양한 경험으로 주변 세계를 이해하게 된다. 또한 직접 만져 보고 흔들어보며 냄새를 맡아보는 등 추상적이며 간접적인 과정보다는 감각적이며 직접적인 경험을 통해 배우기 때문에 유아에게 이러한 구체적인 경험을 줄 수 있는 풍부하고 다양한 자료가 제공되어야 한다(박인숙·박정민, 2002). 따라서 양적으로 충분하고 질적으로 좋은 교재·교구를 적절히 활용하는 것이 무엇보다 중요하다. 유아의 특성과 관련하여 교재·교구의 필요성을 제시하면 다음과 같다(이대균·송정원, 2006).

- 유아는 사물과 상호작용의 경험을 통해 배운다. 유아는 호기심을 가지고 사물을 직접 만져보고, 냄새를 맡고, 두드려보고, 관찰하고, 움직이는 과정을 통해 많은 것을 배운다. 유아의 이러한 특성에 맞도록 구체적인 경험을 줄 수 있는 다양한 교재·교구가 필요하다.
- 유아는 자신이 살고 있는 주변 세계에 대해 흥미를 가진다. 주위의 자연과 사물, 인간관계, 주변에서 일어나는 사건에 대해 관찰하고 참여해볼 수 있는 경험이 필요하다. 주변의 동물이나 식물, 표본자료, 그림자료, 역할 놀이자료, 실제 상황을 축소·모형화한 게임자료, 동화 및 동시자료 등이다.
- 유아의 발달에는 개인차가 있다. 유아는 발달수준이 각기 다르므로 개별 유아에 맞는 다양한 교재·교구가 필요하다. 자유선택활동 시간에 유아의 개별 학습을 위해 교사와 유아가 상호작용하는 데 도움을 줄 수 있는 교재·교구를 제공해야 한다.
- 유아는 끊임없는 에너지를 가지고 있다. 유아는 자신의 에너지를 발산시키기 위해 놀이를 하며, 놀이를 하기 위해 적절한 놀잇감이 필요하다.
- 유아는 주의집중력이 짧다. 유아는 성인에 비해 집중할 수 있는 시간이 짧다. 이러한 유아의 관심과 흥미를 유발하기 위해서는 매력적인 교재·교구가 필요하다.

위의 필요성과 함께 교재·교구의 중요성을 제시하면 다음과 같다.

- 교재·교구는 영유아의 전인적 성장과 발달을 도모한다. 유아는 놀이 가운데 학습이 일어나는 존재로, 적절한 교재·교구를 사용하며 놀이하는 과정에서 유아는 다양한 발달을 촉진하게 된다. 영유아는 다양한 언어적 표현과 언어적 상호작용을 경험함으로써 언어능력을 향상시킬 수 있다. 또한 직접 교재·교구를 조작하고 자신의 감각기관을 활용해 관찰하는 경험을 통해 신체 및 감각능력이 증진될 수 있다. 교재·교구를 활용해 놀이하는 가운데 나누기, 양보하기, 협동하기, 규칙 및 차례 지키기 등과 같은 사회적 기술을 습득함으로써 사회성을 발달시키게 된다. 또한 미술, 음악, 극화, 문학활동 등에서 활용되는 교재·교구는 유아의 창의성과 심미감을 향상시키는 데 도움이 된다.
- 교재·교구는 교육활동의 내용과 질에 영향을 미친다. 적절한 교재·교구는 교사와 유아, 유아와 유아, 유아와 사물 간에 효과적인 상호작용을 촉진할 뿐 아니라 활동내용에 대한 이해를 촉진함으로써 질 높은 학습을 가능하게 한다.
- 교재·교구는 유아의 흥미와 자발적으로 참여를 이끌어낸다. 적절한 교재·교구는 유아의 흥미를 유발하고, 자발적 동기에 의한 활동 참여를 유도함으로써 효과적인 학습이 일어나게 된다.

3 교재·교구의 선정 기준

유아교육기관에서 교재·교구를 선정할 때 가장 우선적으로 고려할 것은 교육목표와 내용에 얼마나 적합한가 하는 것이다. 또한 유아의 연령, 발달적 특성, 흥미 및 욕구, 생활주제 등을 고려하여 제공하는 것이 필요하다. 교재·교구를 선택할 때 고려해야 할 기준을 제시하면 다음과 같다(박찬옥 외, 2014).

- 유아의 발달수준에 적합한가? 교재·교구는 사용하는 영유아의 연령, 욕구와 흥미, 발달단계에 적합해야 한다. 또한 영유아의 활용능력에 적합한 것으로 영유아가 다루기에 적절한 크기와 무게의 교구여야 한다.
- 교육내용에 적합한 것인가? 교재·교구를 통해 성취할 수 있는 교육적 목표가

분명하게 설정되어 있어 교육목표와 학습 특성에 가장 적합한 것이어야 한다. 또한 고정적인 성역할, 특정 민족이나 문화에 대한 선입견, 신체적 특성, 빈부의 차이, 직업에 대한 편견적 사고 등이 반영되지 않은 것이어야 한다.

- 안전하고 위생적인가? 무독성의 재질로 제작된 교구를 선정하여 위생적이어야 하며, 교구의 모서리가 날카롭지 않은 것, 삼키거나 귀, 코 속에 들어가지 않을 크기의 것, 손이나 발, 머리카락 등에 걸리는 부분이 없는 것이어야 한다. 물세탁이 가능하고 무독성의 재료로 된 것이어야 한다.
- 견고하고 내구성이 있는가? 영유아가 사용하다가 누르거나 부딪혀도 손상되지 않고 쉽게 망가지거나 깨지지 않도록 견고하게 제작된 것이어야 한다. 또한 열에 잘 견디고 구조가 튼튼하며 쉽게 고장나지 않는 것이어야 한다.
- 비용이 경제적인가? 적은 경비로 다양한 교육적 기능도 고려할 수 있는 품질이 우수한 것으로, 오랫동안 효율적으로 활용할 수 있어야 한다.
- 다양하게 활용할 수 있는가? 정해진 한 가지 방법으로만 사용할 수 있는 것보다 개별 영유아의 특성에 따라 난이도를 조절할 수 있고 놀이 방법을 다양하게 변경할 수 있는 융통성이 있어 새로운 놀이로 발전시키거나 확장할 수 있어야 한다.
- 영유아에게 매력적이며 친밀감이 있는가? 색상, 디자인이 매력적이어서 호기심을 자극할 수 있고 색, 모양, 촉감, 냄새, 소리 등이 친밀감이 있어 가지고 놀고 싶은 마음이 생기도록 해야 한다.
- 관리가 쉬운가? 깨끗하고 부식되지 않으며, 가벼워서 옮기기 쉽고 부피가 적당하여 공간을 적게 차지하는 것이어야 하며, 교구의 유지, 관리, 보관이 쉬운 것이어야 한다.
- 통합성이 있는가? 영유아가 이미 알고 있는 것과 새로운 경험의 통합, 생활과의 통합, 교육내용 영역의 통합, 각 흥미 영역에서 갖게 되는 경험의 통합이 이루어져야 한다. 또한 영유아가 지역사회와의 통합된 경험을 할 수 있는 것이어야 한다.

한편 유아교육기관에서 교재·교구를 선정할 때는 견고성, 경제성, 안전성, 적합성, 매력성의 다섯 가지 기준을 제시하기도 한다(이인원 외, 2016).

1) 견고성

유아교육기관에서 사용하는 교재·교구는 여러 유아가 공동으로 사용하는 물품이므로 무엇보다도 튼튼하고 견고해야 한다. 따라서 쉽게 부서지지 않는 것, 쉽게 변하거나 묻어나지 않는 것, 쉽게 고장나지 않아 반영구적으로 사용 가능한 것이어야 한다.

2) 경제성

경제성이란 가격에 비해 가치가 있고 품질이 우수하며 활용가치가 있어야 함을 말한다. 최소한의 비용을 들이면서 지속적으로 사용할 수 있고, 교육적인 효과를 최대한으로 끌어올릴 수 있는 것이어야 한다.

3) 안전성

유아는 아직 안전에 대한 판단능력이 미흡하므로 유아교육기관에서 사용되는 모든 교재·교구는 튼튼하면서도 유아의 안전을 고려하여 제작되어야 한다. 따라서 깨지거나 모서리가 날카롭지 않은 것, 독성이 없는 것, 부서질 경우 조각들이 위험하지 않은 것을 선택하도록 한다.

4) 적합성

교재·교구가 어떤 목적으로 활용될 수 있는지를 파악하고 그 해당 목적과 유아의 발달수준에 적합하게 만들어진 것이어야 한다. 아무리 잘 갖춰진 교재·교구라 할지라도 유아의 발달수준에 적합하지 않을 경우 유아의 관심과 집중도가 떨어질 수 있으며, 유아교육기관의 교육목적에 적합할 때 유의미하게 사용될 수 있다.

5) 매력성

교재·교구는 유아의 흥미를 끌 수 있도록 매력적이면서 미적 만족감을 주는 것이어야 한다. 이때 외관상의 매력도 중요하나 교재·교구의 활용 방법이 주는 매력이 있어야 한다. 활동 방법이 단순 반복적인 경우 유아들은 그 교재·교구를 지속적으로 활용하지 않게 되며 유아가 새로운 것을 창의적으로 추구할 수 있을 때 교재·교구에 대해 강한 매력을 느끼게 될 것이다.

또한 데일(Dale, 1969)은 교재·교구를 선정하는 기준으로 다음 7가지를 제시하였다.

- 전달하고자 하는 아이디어의 표현 정도
- 학습내용에 도움성
- 유아의 연령, 지능, 경험 등 개인적 특성에 맞는 적합성
- 매체의 물리적인 상태
- 효과적인 사용을 위한 안내서의 존재
- 유아들의 사고력과 창조력 배양에 도움
- 매체 이용에 드는 시간과 비용, 노력에 상응하는 가치 여부

이상을 종합하여 유아에게 적합한 교재·교구 선정 기준을 제시하면 다음과 같다.

- 교육적으로 의미 있는 학습경험을 제공하는가? 교재·교구는 외관상 특성만으로 일시적인 흥미를 유도하기보다는 활용하여 놀이하는 과정이나 결과에서 교육적으로 의미 있는 경험을 제공하는 것이어야 한다.
- 발달수준에 적합한가? 영유아의 현재 흥미와 인지발달수준에 적합한 것으로, 구체적인 것에서 추상적인 것으로, 단순한 것에서 복잡한 것으로 점차 수준을 변화시키는 것이어야 한다.
- 개인차를 고려한 개별학습의 기회를 제공하는가? 영유아 개인의 발달수준 또는 이전 경험에 따라 서로 다른 개별 활동이 가능한 것이어야 한다.
- 안전하고 위생적인가? 교재·교구에 사용된 원료, 재료 등이 안전하고 위생적이며 독성 성분이 포함되지 않은 것이어야 한다.
- 확장적이고 창의적인 놀이를 통한 성취감을 조장하는가? 특정한 놀이 방법에 한정되지 않고 유아의 흥미에 따라 자유롭고 다양하게 확장적이며 창의적

인 놀이가 가능한 것이어야 한다. 또한 이 과정에서 유아가 긍정적인 성취의 경험을 할 수 있는 것이어야 한다.

4 교재·교구의 유형

교사가 어떠한 교재·교구를 선정하고 사용하는가는 교육의 질을 결정할 만큼 중요한 요인이 된다. 교재·교구의 유형에 따라 어떤 특징이 있는지를 살펴보는 것은 대상 유아와 활동에 적합한 교재·교구를 선정하는 데 도움이 될 것이다. 유아가 활용하는 교재·교구의 유형을 상품화된 것, 교사가 제작한 것으로 나누어 제시하면 다음과 같다.

1) 교사가 제작한 교재·교구

교사가 제작한 교재·교구가 지니는 이점을 제시하면 다음과 같다.

- 교재·교구를 사용할 영유아의 연령 및 발달수준, 활동주제에 적합하여 교육적 효과를 높일 수 있다.
- 다양한 소재와 다양한 방법으로 제작하여 유아의 창의적이고 확장적인 사고를 증진시킬 수 있다.
- 활동목표에 적합한 교육이 이루어질 수 있다. 활동목표를 반영한 교재·교구를 제작하여 활용할 경우 교사가 활용 방법을 잘 이해하고 적절한 상호작용을 통해 유아가 활동목표에 달성하기에 용이하다.

그러나 위와 같은 장점에도 불구하고 상업화된 것에 비해 견고하지 못할 수 있으며, 대량 제작이 어렵다는 단점이 있다. 또한 상품화되어 있는 것과 동일한 교재·교구를 교사가 제작하는 것은 무의미하며, 지나친 수고를 요하는 것도 적절하지 않다. 교사는 활동목표를 수립한 후 목표, 내용 및 교수–학습 방법에 적합한 창의적이고 매력적인 교재·교구를 제작하도록 한다.

2) 상품화된 교재·교구

상품화된 교재·교구는 교사가 제작한 것에 비해 견고하여 반영구적으로 사용할 수 있다. 교사가 제작한 교구와 상품화된 교구 중의 어느 것이 유아교육에 더 효과적이라고 단정지을 수는 없으며 시간과 노력, 비용을 최소화하여 직접 필요한 교구를 제작하거나 제작이 불가능한 경우 상품화된 교구를 구입하여 사용하는 것이 바람직하다.

유아교육기관에서 상품화된 교재·교구 구입 시 유의할 점을 제시하면 다음과 같다(정상녀 외, 2010).

- 교재·교구를 구입하기 전에 반드시 교사회의를 열어 교사가 필요하다고 제안한 것을 우선적으로 구입한다.
- 구입하고자 하는 교재·교구의 형태가 교사가 제작하는 것보다 더 효율적인지 여부를 판단한 후 구입한다.
- 유사한 종류의 교재·교구에 대한 정보를 충분히 파악한 후 교육적 가능성 및 경제성을 고려하여 구입한다.
- 교재·교구를 구입하기 전, 교사가 직접 조작해보거나 놀이를 해봄으로써 사용안내서가 정확한지 확인한다.
- 상품에 대한 사후 서비스가 보장되는지 확인하고, 구입처와 판매자의 정보를 알아 두도록 한다.

5 제작 및 보관

1) 제작

영유아를 위한 교재·교구를 제작할 때 고려할 점을 제시하면 다음과 같다(이대균·송정원, 2006).

(1) 교재·교구의 내용이 영유아의 발달수준에 적절하도록 제작한다.

교재·교구의 내용과 제작을 위해 사용되는 그림 및 글자의 수준과 교구 활용법 등이 영유아의 발달단계에 적절하게 제시되어야 한다. 연령에 따른 수준을 고려하고 같은 연령이라 할지라도 개인의 발달수준의 차이에 따라 난이도를 조절하여 활용할 수 있도록 제작한다.

(2) 교육목표에 적합한 내용으로 이루어지도록 제작한다.

교재·교구를 제작할 때는 교재·교구를 통해 달성할 수 있는 교육목표가 확실해야 한다. 교육목표에 따라 교구를 제작할 때 영유아의 교육이 체계적으로 이루어질 수 있다.

(3) 영유아의 흥미와 관심을 끌 수 있도록 다양한 소재와 기법으로 제작한다.

교재·교구의 모양과 색, 재질, 제작 기법 등을 통해 영유아의 호기심을 이끌어 낼 수 있도록 제작한다. 시각적 경험뿐만 아니라 촉각적 경험을 할 수 있으며 유아의 흥미와 재미를 자극하도록 한다.

(4) 이동이나 전시 및 보관에 적합한 크기로 제작한다.

교재·교구를 제작할 때 영유아가 사용하기에 적당한 크기와 무게로 제작하여 교사의 도움 없이 영유아가 쉽게 이동할 수 있고 조작이 가능하도록 한다. 또한 보관이 용이하며 꺼내 쓰기에도 편리하도록 한다.

(5) 최소의 노력과 경비로 최대의 효과를 낼 수 있도록 제작한다.

교재·교구 제작에 들어간 시간과 경비가 지나칠 경우 그 교재·교구는 좋은 것으로 볼 수 없다. 시간과 경비를 최소화하면서 교육적 효과는 최대한 높일 수 있도록 가능한 주변의 자료들을 충분히 활용하도록 한다.

한편, 교재·교구 제작 시 유의해야 할 사항을 제시하면 다음과 같다.

- 교재·교구를 제작할 때 사용되는 글자와 숫자는 정자로 하며, 표준글자로 제

시한다. 교재·교구에 사용되는 모든 선은 반듯하고 정확하게 그려야 하며 반듯하게 붙여 사용하도록 한다.

- 교재·교구의 활용과 보관 모두를 고려하여 제작한다. 크기가 큰 경우 활동 시 펼쳐서 사용하고, 활동이 끝난 후에는 접거나 떼어서 보관할 수 있는 접이식, 탈부착식 등으로 제작한다.
- 재료의 특성을 정확히 이해한 후 그 특성에 유의하여 제작한다. 예를 들면, 밸크로의 경우 부착할 교구와 부착면을 반드시 구분하여 사용하여야 하며, 자석의 경우 자력이 너무 강하면 떼어내기가 어렵고 자력이 너무 약하면 판에서 흘러내리거나 분리될 염려가 있어 활용 목적에 맞는 것을 잘 선택해야 한다. 코팅지를 사용할 경우 밀리는 것을 방지하기 위해 풀을 살짝 바를 수 있다.
- 교재·교구에 사용되는 색은 전체와 부분을 고려하여 서로 조화롭게 사용하여 제작한다.

2) 보관

교재·교구는 제작도 중요하지만, 그에 못지않게 필요할 때 바로 꺼내 사용하고 효율적으로 활용할 수 있도록 체계적으로 보관하는 것이 중요하다. 교재·교구를 효율적으로 보관하기 위해서는 다음과 같은 사항을 고려하도록 한다.

(1) 적절한 보관 장소를 마련한다.

교재·교구 보관은 교사가 활용하기 편한 장소이며 독립된 공간이 좋다. 또한 바람이 잘 통하고 습기가 차지 않고 직사광선이 비치지 않는 곳이어야 한다. 독립된 공간을 마련할 수 없을 경우 기관의 여건을 고려하여 여러 장소에 보관할 수 있으며, 해충이나 습기로부터 보호할 수 있도록 한다.

(2) 교재·교구의 특성을 반영한 다양한 형태의 교구장을 비치한다.

교재·교구는 형태나 크기가 다양하기 때문에 일괄적인 규격의 교구장보다는 다양한 형태의 공간이 있는 교구장이 적합하다. 교재·교구의 특성을 고려하여 가로나 세로 등으로 보관한다.

공간이 다양하지 않을 경우에는 다양한 모양과 규격의 바구니 등 담을 수 있는 함을 준비하여 선반을 이용해 보관할 수 있다. 입체로 된 교재·교구는 투명한 입체 상자에 넣어 보관하고 그림자료 등의 평면 자료는 종이봉투나 투명 지퍼백에 넣어 보관하면 편리하다. 각각의 겉면에는 자료명, 내용, 활용 방법 등을 기록하여 보관한다.

(3) 자주 사용하는 교재·교구와 그렇지 않은 것을 분류하여 보관한다.

자주 사용하는 교재·교구는 교구장에서 손이 잘 닿는 곳에 보관하며, 행사 관련 자료나 계절과 관련된 교재·교구는 선반 위나 교구장의 윗부분에 보관한다. 환경구성자료는 사진을 찍어 함께 보관하면 이후 활용할 때 도움이 된다.

(4) 교재·교구에 고유번호를 부여해 세분화한다.

주제, 영역, 활동유형 등 분류기준을 정하고 목록을 작성한 후 체계적으로 정리한다. 분류기준은 생활주제, 흥미 영역, 활동 영역 등 다양하게 할 수 있으며 기호나 색깔 등으로 표시하도록 한다.

2 Chapter

발달에 적합한 교재·교구

교사는 기본적으로 영유아의 발달수준과 흥미를 고려하여 교재·교구를 선정하는 것이 바람직하다. 교구의 선택은 교육의 질과 유형을 결정할 뿐 아니라 영아의 흥미·동기유발·발달에도 영향을 미친다. 영유아의 발달에 적합한 교재·교구를 영아와 유아로 나누어 제시하면 다음과 같다.

1 영아발달에 적합한 교재·교구

영아는 교재·교구를 활용하며 놀이하는 가운데 새로운 기술을 습득하고 주변세계에 대한 지식을 형성한다. 영아의 월령에 따른 발달적 특성과 이에 적합한 교재·교구를 제시하면 표 2-1, 표 2-2와 같다.

표 2-1 13~24개월 영아의 발달과업 및 발달에 적합한 교재·교구

발달 영역	발달과업	발달에 적합한 놀잇감
신체	• 손과 입을 사용해서 사물을 탐색한다. • 출생 후 1세 미만에 이르기까지 턱 들기, 가슴 들기, 몸 뒤집기, 다리에 힘주기, 물건 쥐기, 앉기, 기기, 붙잡고 일어서기가 가능해지고 돌 무렵이면 걷기 시작한다.	스펀지 블록, 밀고 당기는 장난감, 우유곽으로 만든 기차, 끈이 연결된 바퀴 달린 자동차류, 큰 공류, 컵 블록, 조이 벽돌 블록, 보드리 블록

(계속)

발달 영역	발달과업	발달에 적합한 놀잇감
인지 · 언어	•사물에 초점을 맞추기 시작하며 눈으로 사물을 추적한다. •소리가 나는 방향으로 몸을 돌린다. •단순한 움직임을 모방한다. •음악과 노랫소리에 따라 몸을 움직이며 반응한다. •두드리기, 흔들기, 던지기, 쥐기를 통해 사물을 탐색하고, 행위를 가하여 일어난 결과에 흥미를 보인다. •대상영속성 개념이 발달한다. •엄마와 낯선 사람의 목소리를 구별한다. •소리 내기(쿠잉)와 옹알이를 한다. •엄마의 말을 이해하고 반응을 보이기 시작한다. •간단한 명령을 이해한다.	까꿍상자, 질감상자, 손가락에 반지 꽂기, 퍼즐류(동물 퍼즐, 케이크 퍼즐), 헝겊책, 손인형, 물놀잇감, 모래놀잇감, 전화기, 밀가루 점토, 안전가위, 종이류, 크레파스
사회 · 정서	•사람의 얼굴과 목소리에 관심을 보이며, 낯가림을 한다. 사람들과 접촉하고 싶어하며, 관심을 끌고 싶어한다. •주변의 자극에 흥미와 호기심을 보인다. •까꿍 놀이, 물건 주고받기와 같은 사회적 게임을 한다. •다른 사람의 행동을 모방한다.	동물인형류, 사람인형류, 감각인형(냄새, 촉각), 손인형

표 2-2 25~36개월 영아의 발달과업 및 발달에 적합한 교재·교구

발달 영역	발달과업	발달에 적합한 놀잇감
신체	•신체활동이 왕성하고 이를 즐긴다. •음악에 맞추어 뛰고 걷는 활동을 즐긴다. •발 바꿔서 계단 오르기, 점프하기, 의자에서 뛰어내리기, 네발자전거 타기 등 다양한 신체운동 기술이 생긴다. •혼자 먹을 수 있으나 때로 엎지르고 흘린다. •가위질, 단추 끼우기 등의 소근육은 비교적 늦게 발달하며 성인의 도움을 필요로 하는 경우가 많다. •2세 정도가 되면 대소변의 의사 표시를 하는데, 여아가 일반적으로 더 빨리 가린다. •도움을 받아 옷을 입고 벗는다.	동물 모형, 악기류, 자동차, 자전거류, 다양한 공류, 말타기, 스펀지 블록, 우레탄 블록, 우유곽으로 만든 블록, 프리모 블록

(계속)

발달 영역	발달과업	발달에 적합한 놀잇감
인지 · 언어	• 사물 이름, 동물 이름, 색깔, 명칭 등을 안다. • 호기심, 탐색의 욕구, 질문이 많다. • 자기중심적 사고를 하며 추상적인 개념에 대한 이해가 거의 없다. • 사물의 모양을 그리기 시작하고 원, 수직선 등을 그릴 수 있다. • 보고 들은 것을 완전히 재생하지는 못하며 인상적인 것 한두 가지에 제한된다. • 어휘능력이 신장되고 2~3개 단어의 문장을 구사한다. • 그림책, TV 보기를 좋아하고 듣기를 즐긴다. • 상상력이 풍부하고 단순한 상상 놀이를 시작한다.	퍼즐류(일상생활 퍼즐, 동물 퍼즐, 케이크 퍼즐), 안전가위, 종이류, 그리기 자료(색연필, 사인펜, 크레파스 등), 일상생활 책, 장난감 책, 배변훈련 책, 가족사진 책, 인형 침대, 손가방, 모자, 주방용품, 싱크대 세트, 화장대, 전화기, 다리미와 다리미대, 밀가루 점토
사회 · 정서	• 친구보다 장난감에 더 관심이 많다. • 의존적이면서도 독립적이기를 원한다. • 충동적이고, 다투며, 신체적인 싸움이 잦다. • 친한 친구를 사귀기 시작하지만 남녀를 가리지 않고 가까이에 있는 친구들과 논다. • 타인의 정서를 인식하고 공감한다. • 부정적인 정서 표현이 많으며, 떼를 쓰기도 한다.	동물인형류, 사람인형류, 가족인형, 타월로 만든 영아 크기의 인형, 손인형

2 유아발달에 적합한 교재·교구

유아의 발달에 적합한 교재·교구는 유아교육과정에 참여하는 유아의 성장과 발달, 교육적 성취를 이루는 데 매우 중요한 역할을 한다. 유아의 연령에 따른 발달적 특성과 이에 적합한 교재·교구를 제시하면 표 2-3과 같다.

표 2-3 3~5세 유아의 발달과업 및 발달에 적합한 교재·교구

발달 영역	발달과업	발달에 적합한 놀잇감
신체	•운동기술이 잘 발달되어 있다: 안정되게 달리기(5세), 점프, 기어오르기, 균형 잡기 •실외 놀이를 좋아한다: 위험한 놀이, 신체적인 힘과 기술을 요하는 모험 해보기 •손가락을 사용하는 능력이 증가한다: 물건 집어 올리기, 가위로 선 자르기, 성인용 펜 집기, 구슬 꿰기 •능숙하게 쌓는다: 작은 쌓기놀잇감으로 놀이하기, 유니트 블록이나 커다란 쌓기놀잇감을 가지고 활발하게 활동하기 •단순한 규칙과 득점이 있는 기초적인 공 놀이에 관심을 보인다(5세).	밀고 당기는 놀잇감(손수레, 미는 놀잇감, 청소기), 공과 스포츠 도구(모든 형태와 크기의 공, 치기와 던지는 공, 줄넘기 줄, 가벼운 원반던지기), 탈것, 쌓기놀잇감(80~100개의 나무 유닛 블록, 2~4인치 이하의 끼우기 블록), 교통놀잇감
인지 · 언어	•감각과 지각에 의한 분류활동(색, 모양, 소리, 냄새, 맛, 무게) •단순한 양에 대한 활동(세기, 측정하기, 더 많다/더 적다, 더 크다/더 작다), 문자활동(이름 읽기와 발음하기, 글자모방, 쓰기 흉내, 책을 가지고 하는 활동에 관심을 보임) •계획을 세워 목적 지향적인 활동에 적극적으로 참여한다(4세). •색과 크기 등 한 가지 이상의 속성을 사용하는 분류나 맞추기활동을 한다(5세). •예술활동의 과정과 결과에 흥미 가짐(5세), 옷 입기, 극 놀이, 쌓기 놀이에서 사실적인지의 여부에 대한 세세한 관심이 증가한다. •자연, 과학, 동물, 시간, 사물의 쓰임새에 흥미를 가진다. •그림책, TV 보기를 좋아하고 듣기를 즐긴다. •단어를 읽고 쓰는 것에 흥미를 느낀다(5세).	퍼즐류(일상생활 퍼즐, 동물 퍼즐, 케이크 퍼즐), 맞추기, 분류하기 놀잇감, 구체적인 수놀잇감, 측정놀잇감, 간단한 기계장치, 과학 놀이 기구, 자연놀잇감, 도미노 게임, 기초적인 판 게임, 빙고, 그림책, 단순한 이야기, 입체적인 책, 실제 이야기, 색이 있는 입방체, 여러 형태의 자석판, 줄에 끼우는 다양한 모양·색상·크기의 구슬

(계속)

발달 영역	발달과업	발달에 적합한 놀잇감
사회 · 정서	• 극 놀이에 높은 관심을 가지고 성인의 직업을 재현하며 의상과 소품을 사용한다. • 소그룹으로 하는 가상 놀이에 대한 흥미가 증가한다. • 나누어 쓰기와 교대로 하기를 시작하며, 공정한 놀이 개념을 학습한다. • 공상적인 사회적 놀이에 자주 참여하며, 가상 놀이는 상상의 것들로 가득 차 있다(4세). • 협동적·실제적·규범적인 사회적 놀이에 참여한다(5세). • 우연에 의지하여 판 게임을 하며, 전략적으로 게임을 하는 것은 아니다. • 성에 따라 놀이에서의 역할과 흥미가 달라진다.	인형(고무나 비닐로 만든 세척할 수 있는 인형, 양육에 필요한 단순한 소품: 먹을 것, 블록이나 가상 놀이를 위한 작은 사람 모형), 유아 크기의 인형, 다양한 역할놀잇감, 역할 놀이 소품(의사 놀이용품, 사무실 용구, 가정 용구, 인형 도구 등)

2

Part

활동유형별 교재·교구의 제작 및 활용

Chapter 3 이야기 나누기

1 PPT를 활용한 이야기 나누기

1) 제작

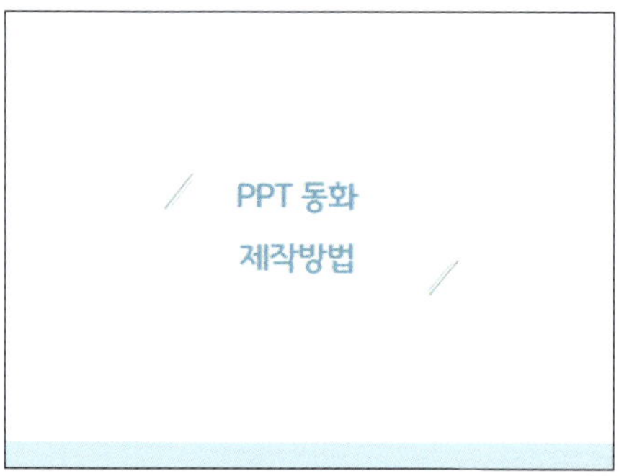

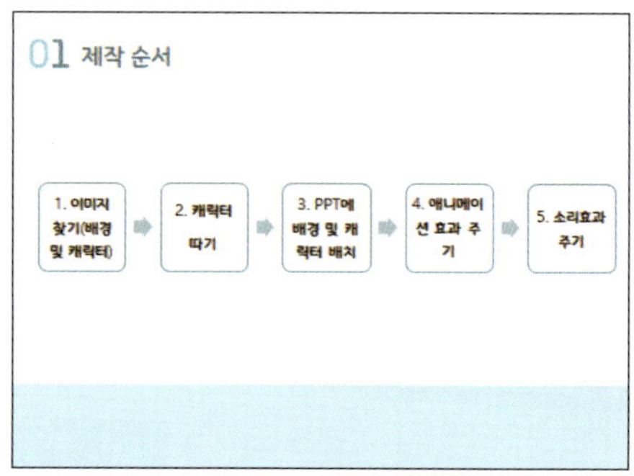

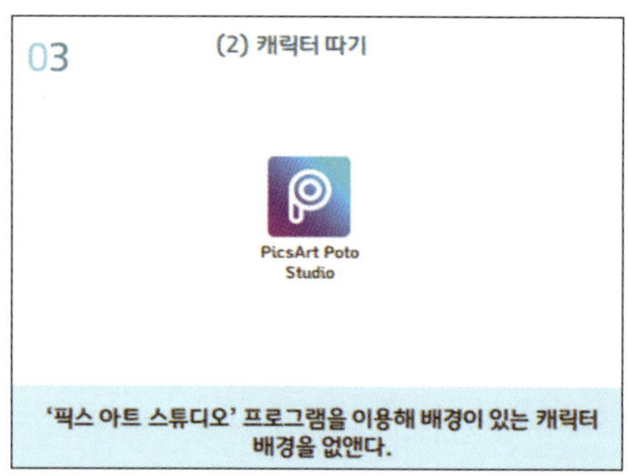

04 (2) 캐릭터 따기

1. 프로그램의 '+' 아이콘을 누른다
2. 편집하기 아이콘을 누른다.
3. 편집할 이미지를 고른다.

05 (2) 캐릭터 따기

4. '자르기'아이콘을 누른다.
5. 남기고 싶은 부분의 라인을 딴다.
5-1. 다음단계로 넘어가 불필요한 부분은 지우개로 지우고, 저장한다.

06 (2) 캐릭터 따기

배경이 없는 .png 형식의 이미지로 저장한다.

07 (3) 배경 및 캐릭터 배치

PPT의 각 장면에 맞는 배경과 캐릭터를 배치한다.

08 (4) 애니메이션 효과주기

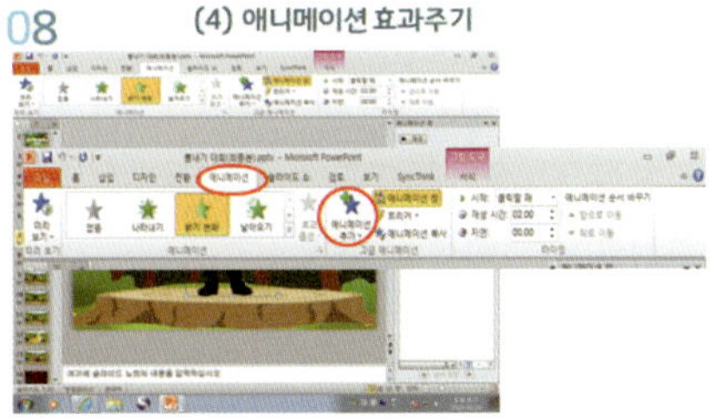

1. 애니메이션 탭을 누른다.
2. 애니메이션이 필요한 부분을 클릭한 후 애니메이션 추가를 누른다.

09 (4) 애니메이션 효과주기

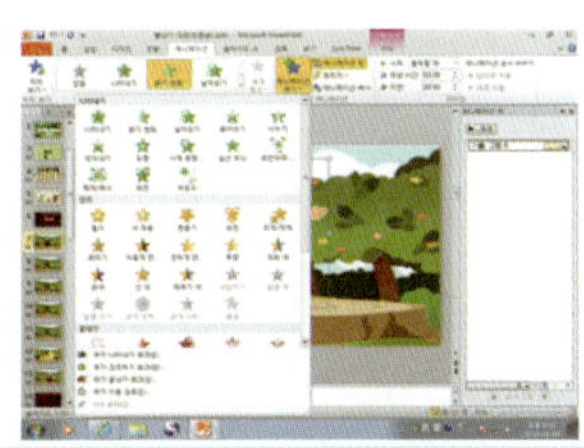

필요한 애니메이션 효과를 적용한다.

10 (4) 애니메이션 효과 주기

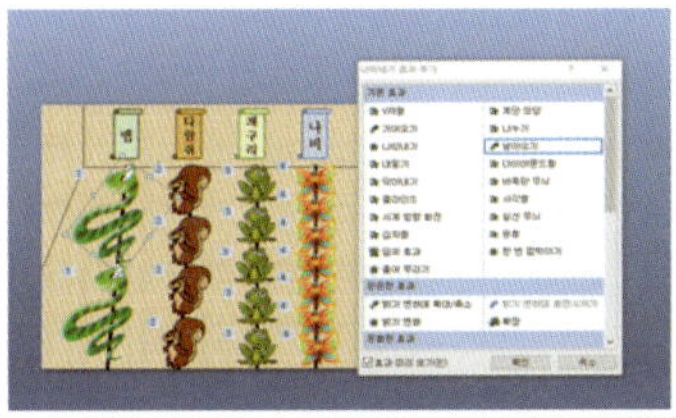

1. '나타내기 효과'를 이용하여 등장인물마다 다르게 효과를 설정한다.
EX) 사회자,대기실의 뱀 다람쥐 나비 등

11 (4) 애니메이션 효과주기

2. 강조하고 싶은 개체나 부분에 적절하게 '강조하기 효과'를 추가한다.
EX) 대기실에서 뱀과 다람쥐, 개구리의 대화에서의 뱀과 다람쥐의 효과

12 자세한 제작 방법 (4) 애니메이션 효과주기

2. 강조 효과 : 개체가 강조되는 효과로 제자리에서 사라지거나 밝기변화, 크기 변화를 준다.
EX) 대기실에서 뱀과 다람쥐, 개구리의 대화에서의 뱀과 다람쥐의 효과

13 (4) 애니메이션 효과주기

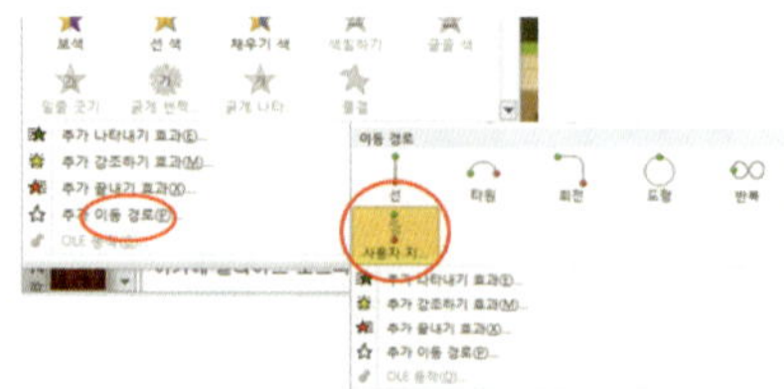

3. '이동경로 효과'를 이용하여 움직이는 캐릭터를 표현한다. 원하는 경로가 없을 시에는 원하는 경로를 만들 수 있는 '사용자 지정 경로'를 이용해 자신이 원하는 경로를 그린다.
EX) 대기실에서 달팽이와 무당벌레, 무대에서 동물들이 나오는 효과

14 (5) 소리 효과주기

소리 효과를 넣을 이미지를 선택한 후 삽입 란에서 오디오를 선택한다.

15 (5) 소리 효과 주기

오디오 파일을 클릭하여 저장되어 있는 음원 파일을 삽입한다.

동화 제작 완성

2) 활용

활동교육계획안

생활주제: 봄
연령: 만 5세
활동유형: 이야기 나누기
활동명: 봄 동물의 특징을 알아보아요.

활동목표

- 봄에 볼 수 있는 동물의 특징에 대해 안다.
- 봄에 볼 수 있는 동물을 이용하여 뱀의 길이를 측정해 볼 수 있다.
- 봄에 볼 수 있는 동물의 특징에 자신의 생각을 말할 수 있다.

활동내용

1. 봄 동물 뽐내기 대회 스토리텔링을 들려준다.

- 얘들아, 선생님이 오늘 봄의 동물이 나오는 재미있는 이야기를 하나 가지고 왔어.
- 모두들 궁금하지 않니?
- 이야기 안에서 어떤 동물이 나오는지 잘 들어보도록 하자.
- 또 그 동물들이 어떤 이야기를 하는지도 귀 기울여 들어보자.
- 선생님이 "이야기 나와라~"하면 너희들이 "뚝딱"을 외쳐주면 이야기가 짠 하고 나타날 거야.

오늘은 봄을 맞이하여 동물 친구들의 '뽐내기 대회'가 열렸어요. 뽐내기 대회 대기실에는 여러 봄 동물 친구들이 줄을 서서 기다리고 있었어요. 첫 번째 줄은 뱀 2마리, 두 번째 줄은 다람쥐 4마리, 세 번째 줄은 개구리 5마리, 네 번째 줄은 나비 7마리, 다섯 번째 줄은 달팽이 11마리, 마지막 줄은 무당벌레 18마리가 서 있었어요.
대기실에서는 동물 친구들이 서로 하하 호호 웃으며 이야기를 나눴어요.

개구리: 근데 뱀아, 너희는 왜 2마리밖에 줄을 서지 않은 거야?
뱀: 우리는 몸이 많이 길어서 나랑 내 친구만 서도 줄이 꽉 차거든~
개구리: 그러게, 너희는 몸이 엄청 길구나. 우리가 네 옆에 줄을 서면 몇 마리나 설 수 있을까?
다람쥐: 어! 나도나도. 우리도 너의 옆에 몇 마리가 설 수 있을지 궁금하다!
뱀: 대회가 끝나면 우리 옆에 와서 서봐. 우와, 이번 뽐내기 대회가 엄청 기대돼!
잠시 후, 뽐내기 대회가 시작되었어요.

사회자: 제일 먼저, 다리가 없는 동물들을 만나보시겠습니다.

첫 번째로, 뱀 친구들이 스-스-스-스-스-스 무대로 나왔어요.
"안녕, 나는 뱀의 대표 비단이야. 우리는 다리가 아닌 몸으로 기어 다니기 때문에 피부가 아주 매끈하고 튼튼해! 이것이 우리 뱀의 자랑거리란다."

두 번째로, 달팽이 친구들이 꿈트을 꿈트을 무대로 나왔어요.
"안뇨오오옹. 나—는 달팽이 대표 팽이야. 우—리는— 다리가 없는 대신에 몸에서 끈적끈적한게 나와서 어디든 매달려 있을 수 있어."

사회자: 네, 잘 들었습니다. 다리가 없어서 볼 수 있는 좋은 점을 들을 수 있었습니다. 다음으로는 다리가 4개인 동물들을 만나보시겠습니다.

세 번째로, 다람쥐 친구들이 호도도도도 무대로 나왔어요.
"히히 안녕 친구들? 나는 다람쥐 대표 토리야. 우리는 다리가 4개여서 나무 위로 남들보다 빠르게 오를 수 있어. 나무타기의 선수라고 할 수 있지."

네 번째로, 개구리 친구들이 폴짝 폴짝 무대로 나왔어요.
"개골, 안녕 개골. 나는 개구리 대표 왕눈이야 개골개골. 우리는 4개의 튼튼한 다리가 있어서 여기저기 뛰어다닐 수 있지! 우리처럼 높게 뛸 수 있는 친구가 있으면 나와 보라 그래."

사회자: 다리가 4개여서 좋은 점이 아주 많군요. 잘 들었습니다. 마지막으로 다리가 6개인 동물들을 만나보시죠.

다섯 번째로, 나비 친구들이 훠어얼 훠어얼 무대로 날아 왔어요.
"안녕하세요. 저는 나비 대표 노랑이에요. 저희는 가늘고 긴 다리가 6개나 있어서 사뿐사뿐 꽃잎 위를 걸을 수 있어요. 그리고 우아한 날개로 하늘을 날 수도 있답니다."

마지막으로, 무당벌레 친구들이 호호로로로롤 무대로 날아왔어요.
"헤헷. 애들아 안녕! 나는 무당벌레 대표 점박이야. 나는 날개도 있고 작고 얇은 다리도 6개나 있어. 그래서 나는 어디든 조용하고 빠르게 움직일 수 있어."

사회자: 네. 크기는 작지만 다리가 가장 많은 동물들을 마지막으로 순서가 모두 끝이 났는데요. 다리가 0개, 4개, 6개인 동물 친구들 모두 자신을 잘 뽐내주었군요. 잠시 후 결과 발표가 있겠습니다. (잠시 후) 드디어! 우승자가 나왔습니다! 바로 바로! 두구두구두구두구두구.... 우승자는 누구일까요?

2. 봄의 동물에 대한 스토리텔링을 회상한다.

- 이야기를 잘 들어 보았니?
- 이야기에서 동물 뽐내기 대회가 열렸는데 어떤 동물들이 참가했는지 기억하는 친구가 있니?
- (그림카드를 융판에 붙인다) 너희들이 이야기 해준 것처럼 뱀, 다람쥐, 개구리, 달팽이, 무당벌레, 나비가 나왔어.

3. 이야기를 회상하며 봄 동물의 다리 개수에 따라 분류해본다.

- 이야기 속에서 나온 뱀은 어떻게 자신을 뽐내주었지?
- 뱀처럼 다리가 0개인 동물은 누가 있었지?
- 달팽이는 어떻게 자신을 뽐내주었지?
- (숫자카드를 붙이며) 다리가 4개인 동물을 아는 친구는 쉿~하고 손을 들어보자.
- 손을 들어준 친구들 중에서 다리가 4개인 동물 한 마리를 앞에 나와서 친구들에게 몸으로 표현해 줄 친구가 있니?
- ○○이가 어떤 동물 친구를 표현해 준 것 같니?
- ○○아, 이야기 속에 나온 개구리의 어떤 부분을 표현해준 것이니?
- 이 중에서 또 다리가 4개인 동물 친구의 그림카드를 붙여줄 친구가 있니?
- □□이가 앞에 나와서 머릿속에 생각하고 있는 동물의 그림카드를 숫자 4 아래에 붙여주도록 하자.
- 얘들아. 어떤 동물의 그림카드가 남았을까?
- 그래(그림카드를 붙인다). 나비와 무당벌레가 남았어. 이 동물 친구들은 다리가 몇 개일까?
- 그래. 6개라고 했어(숫자카드를 붙인다).
- 다리가 없는 동물은 뱀, 달팽이가 있고 다리가 4개인 동물은 다람쥐, 개구리가 있고 다리가 6개인 동물은 나비와 무당벌레가 있어.

4. 봄의 동물의 실제 크기를 알아본다.

- 너희들이 평소에 보았던 나비, 무당벌레, 다람쥐, 뱀, 달팽이, 개구리가 선생님이 준비한 그림카드의 크기와 같았니?
- 그래서 선생님이 여기에 있는 동물들을 실제 크기의 그림자료로 준비해왔어.
- 여섯 마리 동물 중에서 몸이 가장 긴 동물을 선생님 주변에 숨겨놓았어. 어

디 있을까~?
- 가장 긴 동물을 찾은 친구가 있니?
- 그럼 △△이가 가장 긴 동물을 찾아서 선생님에게 가져다주도록 하자.
- 여섯 마리 중에서 가장 긴 동물은 뱀이었어.
- 다른 동물들도 선생님이 실제 크기를 보여주도록 할게.
- 마지막 한 마리의 동물이 나오지 않았어. 그 동물은 선생님의 옷에 붙여 두었어. 다 같이 한 번 찾아볼까?
- 우리 ○○반 친구들이 정말 잘 찾아주었구나. 바로 제일 작은 무당벌레였어.

5. 봄의 동물을 사용하여 뱀의 크기를 측정해본다.

- 얘들아, 아까 이야기 속 대기실에서 대화를 나누었던 동물 친구들은 누구였지?
- 그래, 개구리, 뱀, 다람쥐가 대화를 나누었지(나비, 달팽이, 무당벌레 실제 카드를 뗀다).
- 그럼 동물들이 어떤 대화를 했는지 기억나는 친구가 있니?
- 그래, 이야기 속에서 개구리와 다람쥐가 뱀 옆에 몇 마리나 줄을 설 수 있는지 궁금해했었지.
- 우리가 개구리와 다람쥐의 궁금증을 어떻게 풀어주는 것이 좋을까?
- 그래, 그럼 우리가 뱀의 옆에 줄을 세워보고 개구리와 다람쥐에게 알려주도록 하자.
- 선생님이 실제 크기의 뱀을 한 마리 더 준비해왔어.
- 너희들이 동물 친구들의 줄을 잘 세울 수 있도록 선생님이 흰색 줄을 붙여줄게.
- 어떤 동물 친구부터 줄을 세워보고 싶니?
- 우리 ○○이가 다람쥐라고 아주 크게 외쳐주었어.
- 다람쥐가 뱀 옆에 줄을 설 때 하늘을 보고 있는 것이 좋을까, 앞을 보고 있는 것이 좋을까?
- 많은 친구들이 앞을 보고 있는 것이 좋다고 이야기해주었어.
- 그럼 앞에 나와서 다람쥐를 줄 세워보고 싶은 친구가 있니?
- 바르게 앉아있는 △△이가 나와서 다람쥐를 붙여보자.
- △△이는 자리로 들어가도 좋아.
- 얘들아, △△이가 몇 마리의 다람쥐를 줄 세웠는지 우리 함께 다람쥐를 세어볼까?
- ○마리의 다람쥐가 뱀 아래에 줄을 서 있구나(숫자를 쓴다).

- 이번에는 개구리를 줄 세워볼 거야.
- 선생님이 더 재미있게 줄을 세워보기 위해 주사위를 가지고 왔어.
- 주사위를 던져서 나온 수 만큼 개구리를 붙여 볼 거야.
- 개구리가 뱀 옆에 줄을 설 때 하늘을 보고 있는 것이 좋을까, 앞을 보고 있는 것이 좋을까?
- 많은 친구들이 앞을 보면 좋겠다고 이야기해주었구나. 그럼 우리 개구리를 붙일 때 개구리가 앞을 보게 붙이도록 하자.
- 그럼 앞에 나와서 주사위를 던지고 싶은 친구가 있니?
- 눈을 초롱초롱하게 뜨고 선생님을 바라보고 있는 □□이가 나와서 주사위를 던져보자.
- 얘들아, □□이가 던진 주사위에 어떤 숫자가 나왔니?
- □□이는 나온 숫자만큼 개구리를 뱀 아래에 붙여주고 자리로 들어가도 좋아.
- 또 어떤 친구가 나와서 주사위를 던져볼까?
- ◇◇이가 나와서 주사위를 던지고 나온 숫자만큼 개구리를 붙여보도록 하자.
- 고마워, ◇◇이는 자리에 들어가도 좋아.
- (반복)
- 얘들아, 남은 뱀의 자리에는 몇 마리의 개구리가 더 줄을 설 수 있을 것 같니?
- 너희들의 말이 맞는지 선생님과 함께 줄을 세워보도록 하자.
- 뱀 아래에 몇 마리의 개구리가 줄을 섰는지 우리 함께 숫자를 세어보도록 하자.
- ○마리의 개구리가 뱀 아래에 줄을 서 있구나(숫자를 쓴다).
- 어떤 동물이 뱀에 더 많이 줄 서 있는 것 같니?
- 그래, 개구리가 다람쥐보다 크기가 더 작아서 ○마리 더 줄을 설 수 있었구나.

6. 오늘 한 활동을 회상한다.

- 오늘 우리가 어떤 활동들을 해보았지?
- 어떤 동물들이 나왔었지?
- 가장 긴 동물은 어떤 동물이었지?
- 그럼 크기가 가장 작은 동물은 어떤 동물이었니?

7. 뽐내기 대회의 우승자를 투표를 통해 정한다.

- 선생님이 처음에 들려줬던 봄 동물 뽐내기 대회 이야기가 기억나는 친구가 있니?

- 이야기 속에서 우승자가 나왔었니?
- 그래 우승자는 나오지 않았지.
- 그럼 우승자를 어떻게 뽑아주면 좋을까?
- 그래 너희들이 말한 것처럼 친구들이 직접 봄 동물 뽐내기 대회의 우승자를 뽑아주는 것이 좋겠다.
- 이야기 속에서 동물 친구들이 자신을 어떻게 뽐내주었는지 잘 생각해보고 자신이 생각하는 우승자에 손을 들어보도록 하자.
- 우승자를 뽑기 위해서 선생님이 표를 하나 준비해왔어.
- 선생님이 표에 동그라미를 그려주도록 할게.
- 달팽이가 우승했으면 좋겠는 친구는 손을 들어보도록 하자.
- 선생님이 이름을 부르면 손을 내려도 좋아.
- 몇 명의 친구들이 손을 들었는지 같이 동그라미를 세어보도록 하자.
- □□는 달팽이의 어느 부분이 마음에 들어서 손을 들었니?
- 다람쥐가 우승했으면 좋겠는 친구는 손을 들어보도록 하자.
- (위와 반복)

8. 투표 결과를 확인한다.

- 누가 가장 많은 표를 받았니?
- 그래, 우리 반이 뽑은 봄 동물 뽐내기 대회 우승자는 ○표로 가장 많은 표를 받은 ○○가 되었어.

9. 활동에 대해 평가한다.

- 오늘 활동을 하면서 좋았던 점이 있는 친구가 있니?
- 오늘 활동을 하면서 아쉬웠던 점이 있는 친구가 있니?
- △△이는 다른 동물로도 뱀의 길이를 재보고 싶었대.
- 선생님이 동물카드를 수·조작 영역에 두도록 할게.
- 다른 동물로 재보고 싶은 친구들은 재어보도록 하자.

10. 다음 활동에 대해 소개한다.

- 오늘 활동을 하면서 새롭게 알게 된 사실이 있니?
- 더 알아보고 싶은 것이 있는 친구가 있니?

- 선생님이 다음 시간에는 ( )에 대해서 준비해오도록 할게.
- 다음 시간은 무슨 시간이지?
- 다람쥐를 투표한 친구들부터 화장실에 가보도록 하자.

11. 동물 패턴 맞추기 전이활동을 한다.

- 정리가 끝난 친구들은 이야기 나누기 자리로 모이도록 하자.
- ○○반 친구들에게 선생님이 주말에 등산을 다녀온 이야기를 해주고 싶은데 모두들 선생님의 이야기를 들어주지 않겠니?
- 선생님이 주말에 등산을 하러 산에 갔는데 선생님의 앞으로 달팽이 한 마리가 슬금슬금 기어왔어. 그래서 선생님이 안녕~하고 인사를 했는데 달팽이가 한 마리가 또 슬금슬금 기어오더니 선생님에게 인사를 했어. 인사를 하고 난 뒤에 선생님은 산길을 따라 올라가는데 이번엔 나비 한 마리가 선생님한테 훨훨 날아왔어. 그 뒤에 선생님이 산을 열심히 올라가는데 달팽이 한 마리가 선생님 앞으로 슬금슬금 기어갔어. 달팽이를 반가워하며 조금 더 산을 올라가는데 달팽이 한 마리가 또 슬금슬금 기어 나왔어. 열심히 산을 올라가느라 선생님이 너무 더워서 땀을 닦으면서 하늘을 보는데 나비 한 마리가 훨훨 날아왔어. 드디어 산의 정상이 얼마 남지 않아서 선생님이 열심히 걸어 올라가는데 이번에도 달팽이가 한 마리 기어왔고 다음에 또 한 마리의 달팽이가 나타났어.
- 그 다음에는 어떤 동물이 나왔을지 융판에 그림카드를 붙여볼 친구가 있니?
- 바르게 앉아 손을 들어 준 ○○이가 나와서 그림카드를 붙여보도록 하자.

2 Prezi를 활용한 이야기 나누기

1) 제작

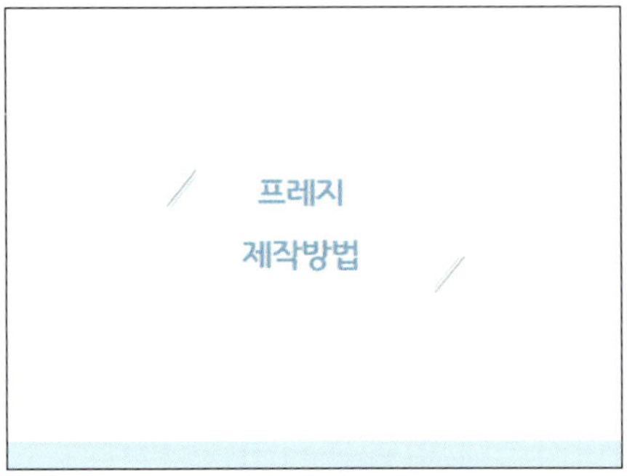

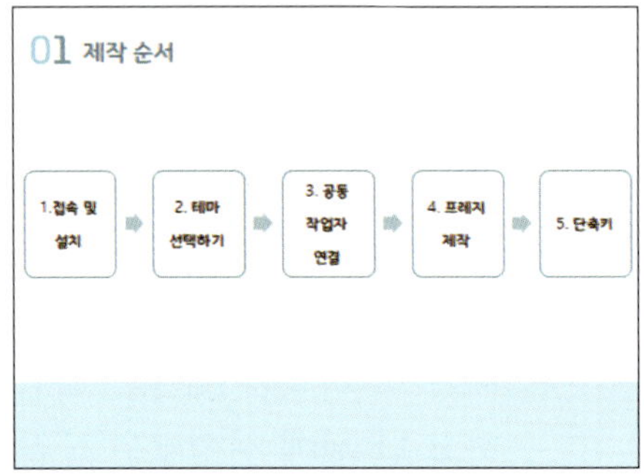

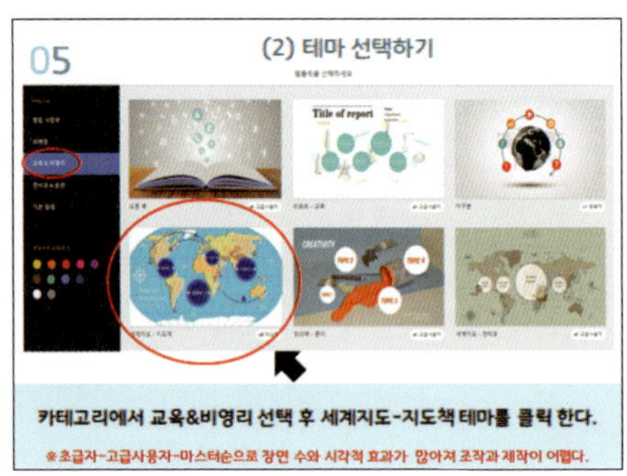

06 (2) 테마 선택하기

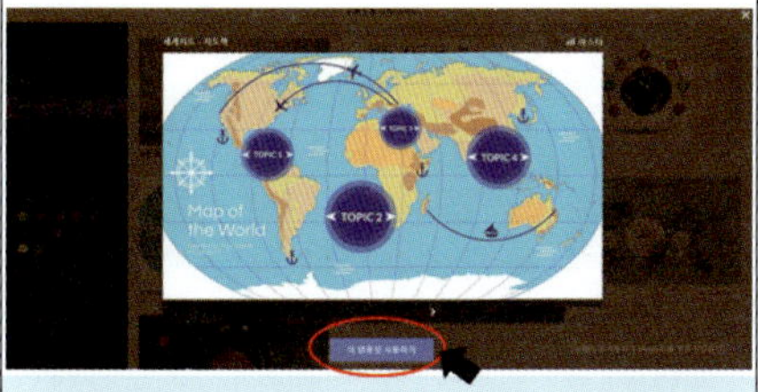

세계지도-지도책 클릭 후 이 템플릿 사용하기를 클릭한다.

07 (2) 테마 선택하기

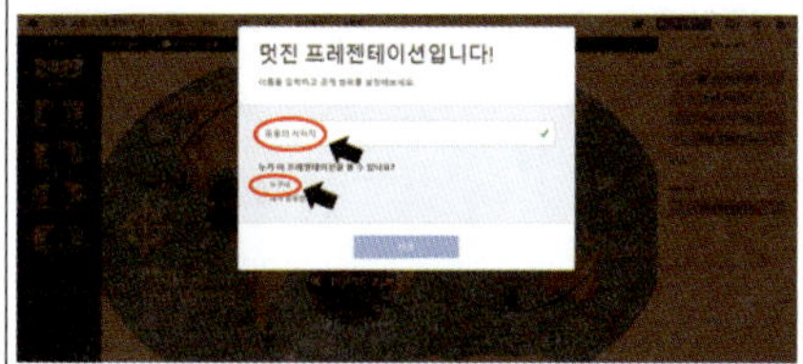

제목을 바꾼 후 공유 대상을 '누구나'로 선택한다.

08 (3) 공동작업자 연결

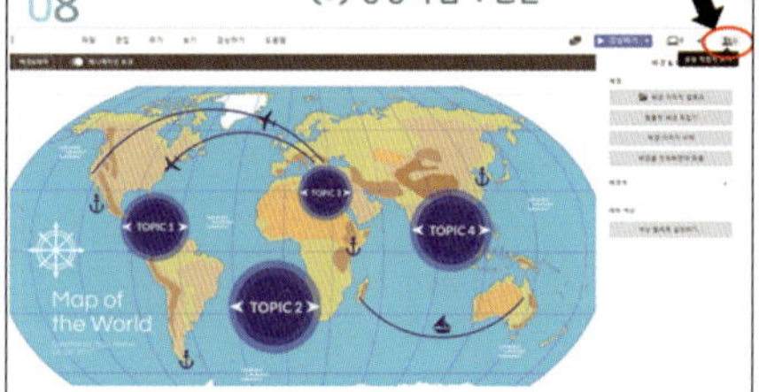

우측 상단에 '공동 작업자 보기'를 클릭한다.

09 (3) 공동작업자 연결

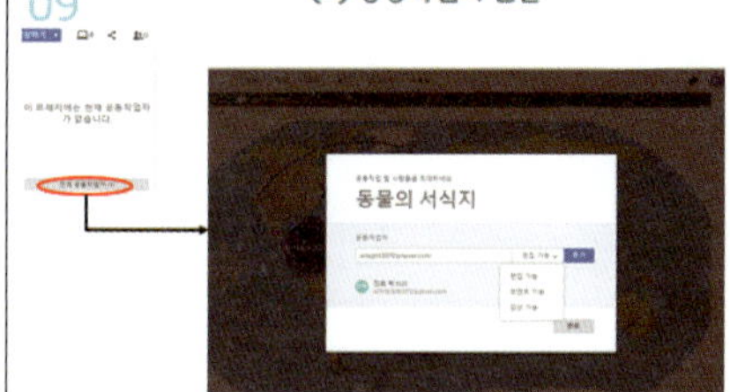

'전체 공동작업자' 클릭한 뒤 공동으로 작업할 사람의 이메일을 입력해 초대한다.

※편집 가능 상태로 설정해야 편집이 가능하며 초대 받은 사람은 이메일을 통해 수락을 한다.

10 (4) 프레지 제작

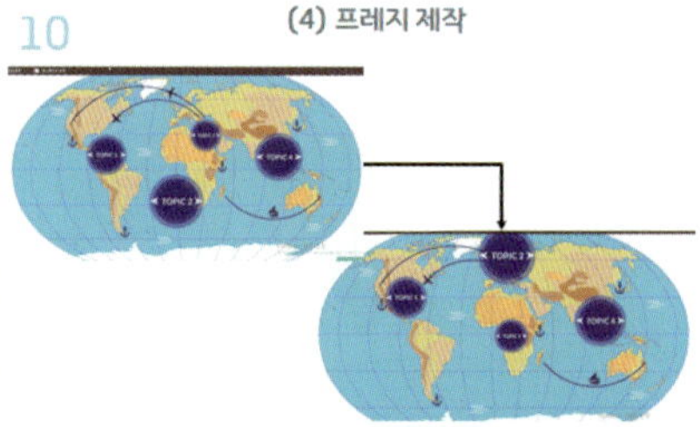

TOPIC을 순서대로 원하는 위치로 이동시킨다.

11 (4) 프레지 제작

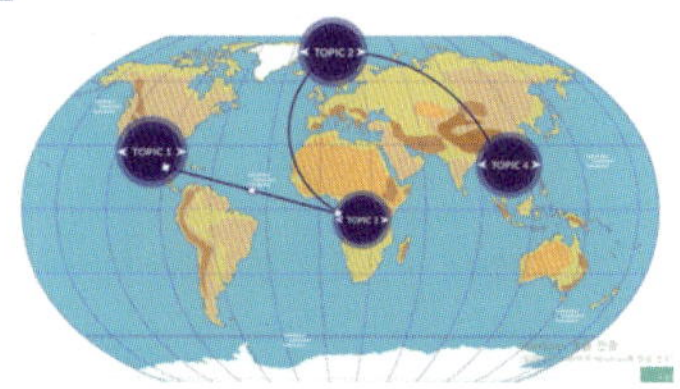

TOPIC을 연결하는 선을 마우스 드래그를 통해 원하는 방향으로 움직인다.
불필요한 아이콘은 삭제한다.

12 (4) 프레지 제작-TOPIC 1

편지봉투 일러스트를 검색해 편지 봉투와 편지지 이미지를 다운로드 받는다.

13 (4) 프레지 제작-TOPIC 1

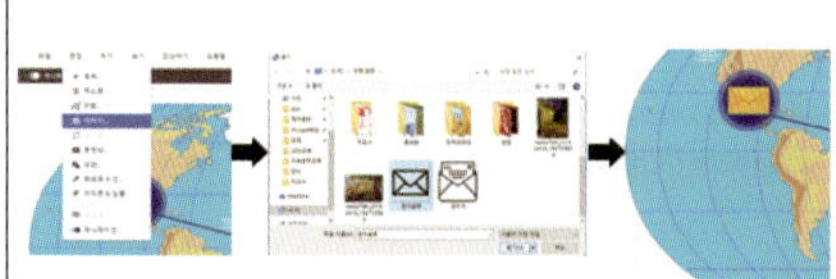

추가-이미지 클릭-> 원하는 이미지 선택 후 열기 클릭->크기 조정 후 TOPIC 1위에 위치 조정한다.

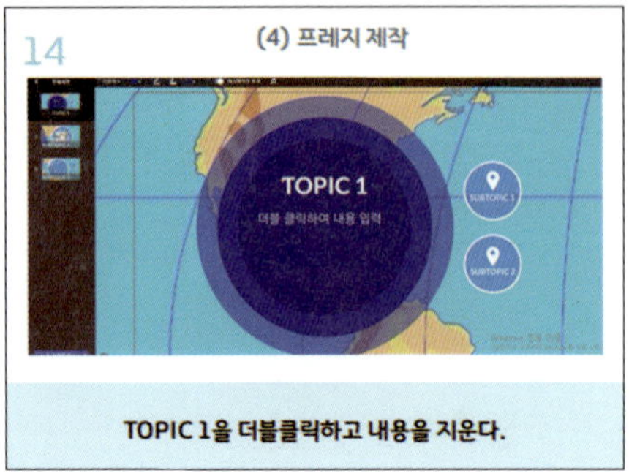
14
(4) 프레지 제작
TOPIC 1
SUBTOPIC 1
SUBTOPIC 2
TOPIC 1을 더블클릭하고 내용을 지운다.

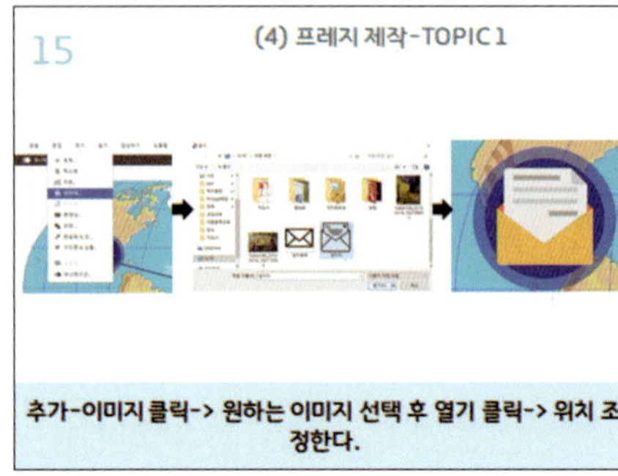
15
(4) 프레지 제작-TOPIC 1
추가-이미지 클릭-> 원하는 이미지 선택 후 열기 클릭-> 위치 조정한다.

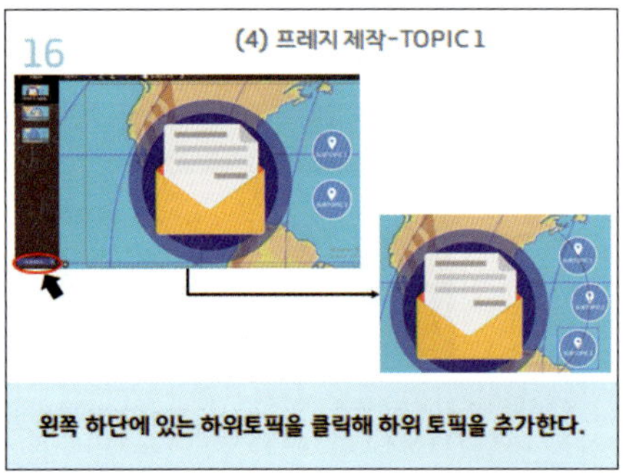
16
(4) 프레지 제작-TOPIC 1
왼쪽 하단에 있는 하위토픽을 클릭해 하위 토픽을 추가한다.

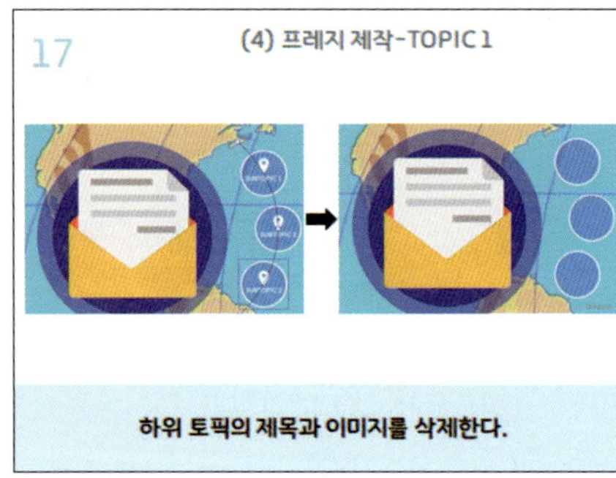
17
(4) 프레지 제작-TOPIC 1
하위 토픽의 제목과 이미지를 삭제한다.

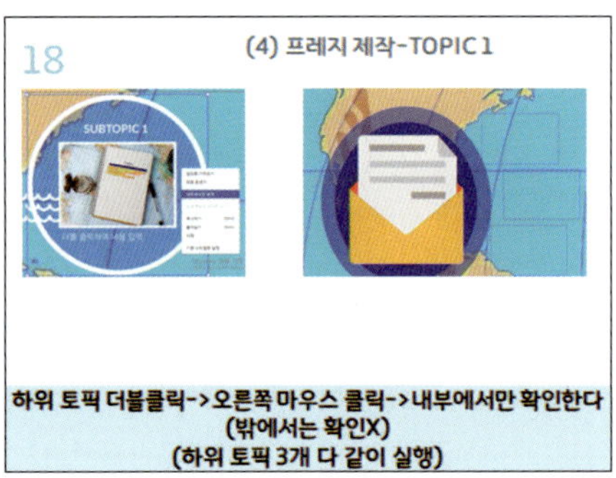
18
(4) 프레지 제작-TOPIC 1
SUBTOPIC 1
하위 토픽 더블클릭->오른쪽 마우스 클릭->내부에서만 확인한다
(밖에서는 확인X)
(하위 토픽 3개 다 같이 실행)

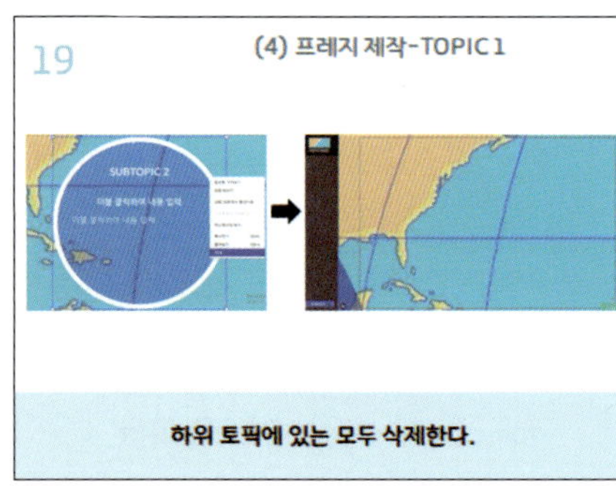
19
(4) 프레지 제작-TOPIC 1
SUBTOPIC 2
하위 토픽에 있는 모두 삭제한다.

20
(4) 프레지 제작-TOPIC 1
필요한 이미지를 찾아 저장한다.

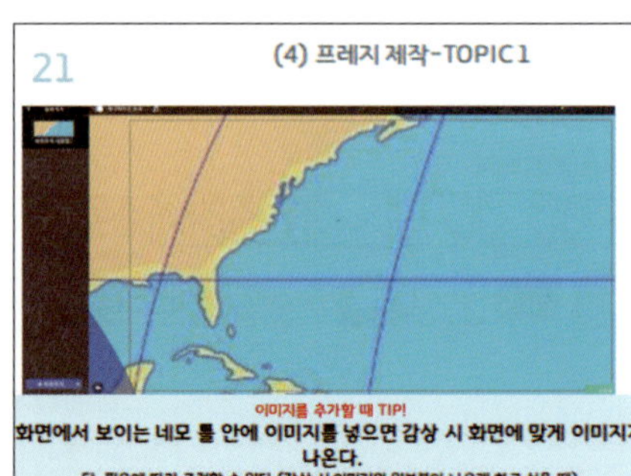
21
(4) 프레지 제작-TOPIC 1
이미지를 추가할 때 TIP!
화면에서 보이는 네모 틀 안에 이미지를 넣으면 감상 시 화면에 맞게 이미지가 나온다.
단, 필요에 따라 조정할 수 있다.(감상 시 이미지의 일부분이 나오게 하고 싶을 때)

22

(4) 프레지 제작-TOPIC 1

하위 토픽 1을 더블클릭 한 뒤 초원 사진과 북극곰 사진을 넣는다.

23

(4) 프레지 제작-TOPIC 1

하위토픽 2를 더블클릭 한 뒤 사막사진과 코끼리와 기린 사진을 넣는다.

24

(4) 프레지 제작-TOPIC 1

하위 토픽 3을 더블클릭 한 뒤 남극 사진과 낙타 사진을 넣는다.

25

(4) 프레지 제작-TOPIC 2

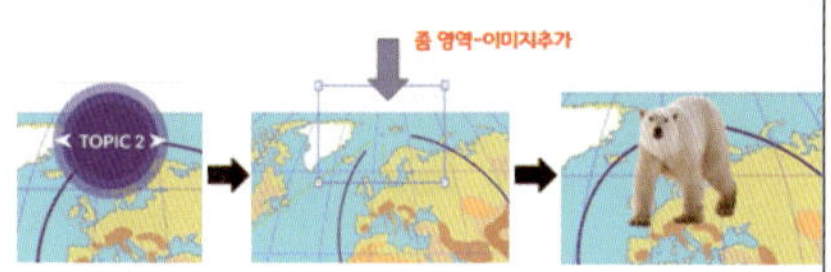

TOPIC 2 의 이미지 삭제하고 TOPIC 2 줌 영역 안에 북극곰 이미지를 추가한다.

26

(4) 프레지 제작-TOPIC 2

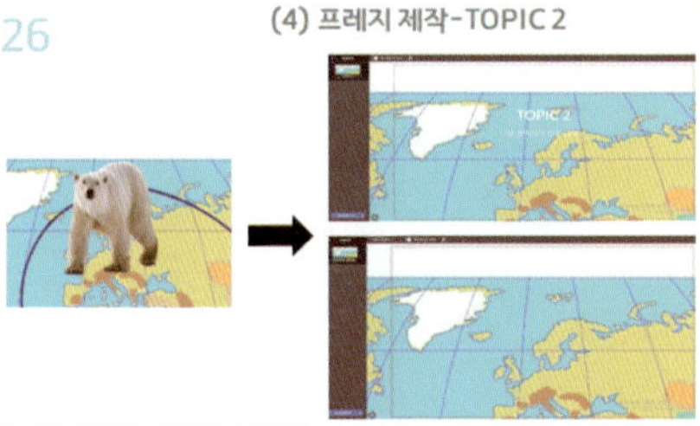

북극곰 이미지 더블 클릭하여 TOPIC2 내용을 삭제한다.

27

(4) 프레지 제작-TOPIC 2

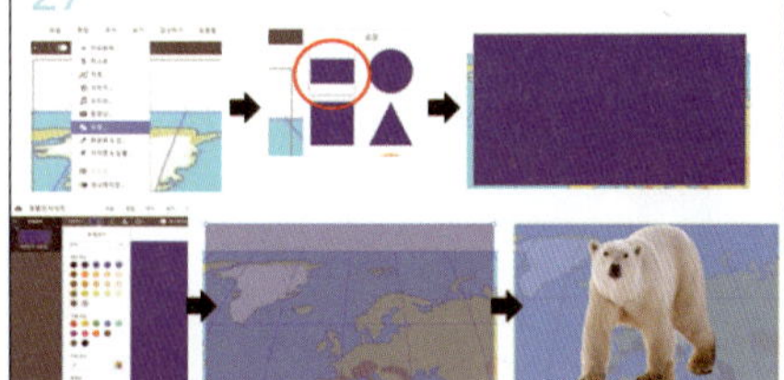

네모 틀에 맞게 배경 도형을 추가(추가-도형)한 후 색과 투명도 선택한다. 그리고 북극곰 이미지를 추가한다.

28

(4) 프레지 제작-TOPIC 2

하위 토픽을 추가하고 북극곰과 기린 털 비교 이미지를 추가한다.

29

(4) 프레지 제작-TOPIC 3

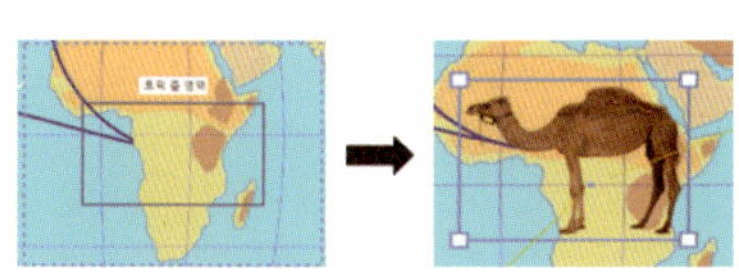

TOPIC 2와 같이 이미지를 삭제하고 낙타 이미지를 추가한다.

30

(4) 프레지 제작-TOPIC 3

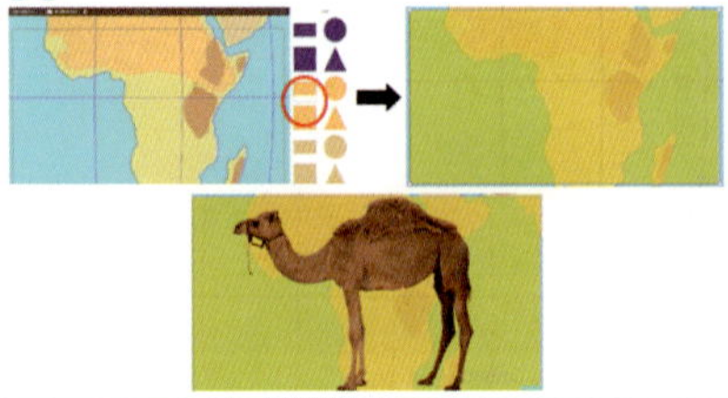

TOPIC 2와 같은 방법으로 모양(배경)을 추가 후 낙타 이미지를 삽입한다.

31

(4) 프레지 제작-TOPIC 3

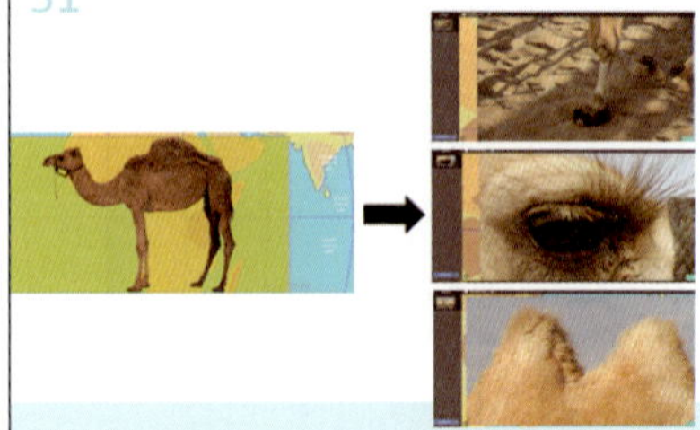

하위 토픽 3개 추가를 추가한 후 각 각 하위토픽에 낙타 발, 눈썹, 혹 이미지를 추가한다.

32

(4) 프레지 제작-TOPIC 3

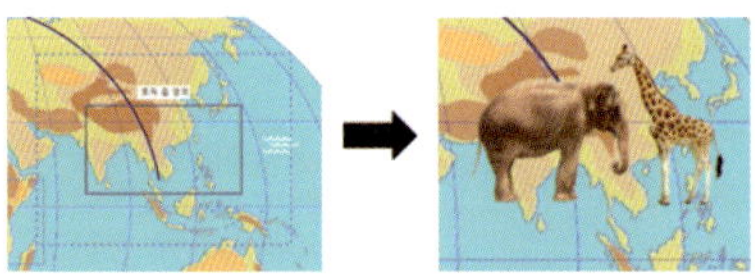

TOPIC 2,3과 같이 이미지 삭제 후 기린, 코끼리 이미지를 추가한다.

33

(4) 프레지 제작-TOPIC 4

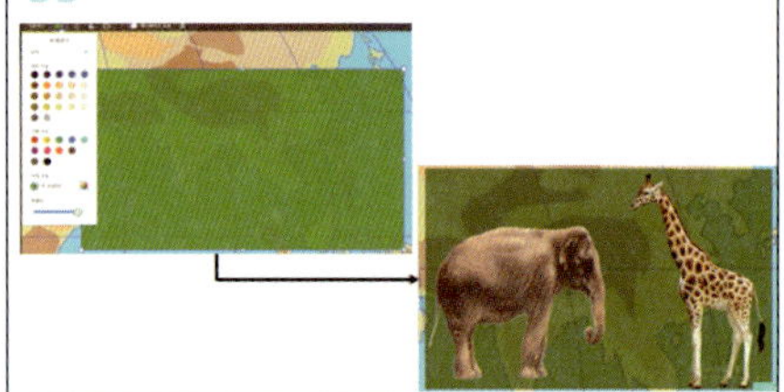

TOPIC 2, 3과 같이 배경을 추가한 후 기린, 코끼리 이미지를 추가한다.

34

(4) 프레지 제작-수수께끼

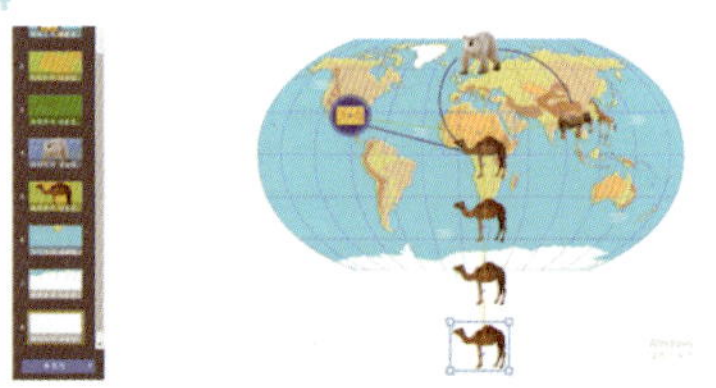

메인 화면에서 토픽을 3개 추가한다.(마지막 토픽 다음으로)

35

(4) 프레지 제작-수수께끼

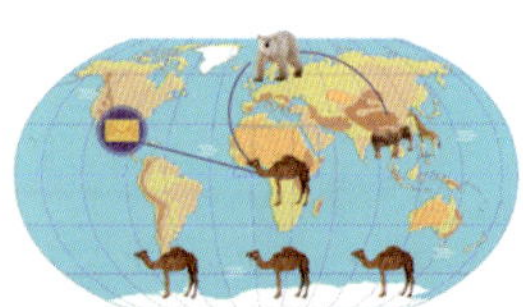

토픽의 위치를 조정한다.

36

(4) 프레지 제작-수수께끼

토픽 이미지에 오른쪽 마우스 클릭 후 토픽 커버 편집 클릭하여 이미지 클릭 후 삭제한다.

37

(4) 프레지 제작-수수께끼

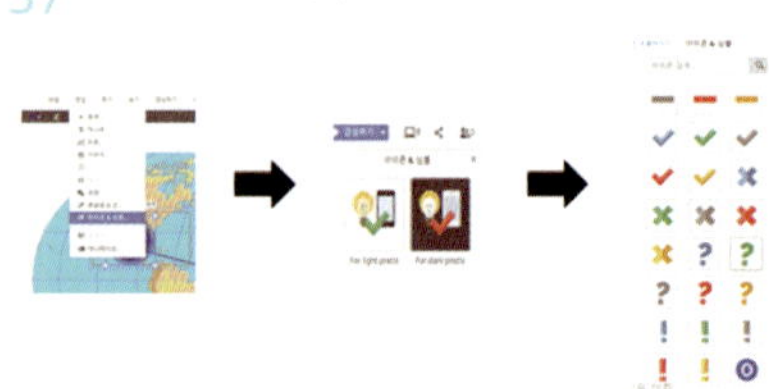

추가-아이콘&심볼을 클릭하여화면 오른 쪽에서 For light prezi를 클릭한다. 클릭 후 원하는 이미지를 삽입한다.

38
(4) 프레지 제작-수수께끼
추가-아이콘&심볼을 클릭->화면 오른 쪽에서 For light prezis 클릭-> 원하는 이미지 삽입한다.

39
(4) 프레지 제작-수수께끼
이미지를 크기에 맞게 조절한다.

40
(4) 프레지 제작-수수께끼
각각 토픽에 맞는 이미지를 추가한다.
초록색 물음표-남극, 파란색 물음표-사막,빨간색 물음표-초원

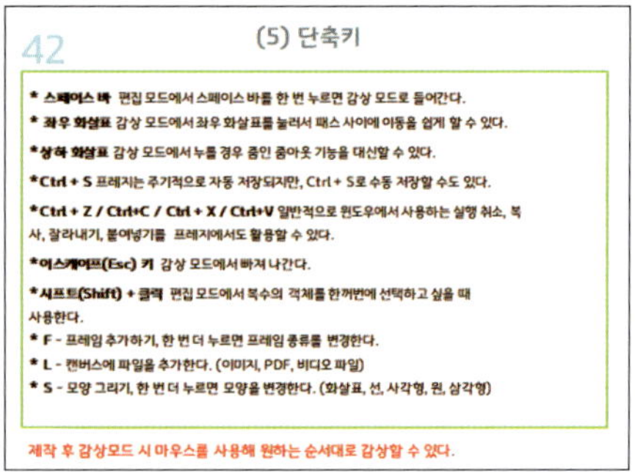
42
(5) 단축키
* 스페이스 바 편집 모드에서 스페이스 바를 한 번 누르면 감상 모드로 들어간다.
* 좌우 화살표 감상 모드에서 좌우 화살표를 눌러서 패스 사이에 이동을 쉽게 할 수 있다.
*상하 화살표 감상 모드에서 누를 경우 줌인 줌아웃 기능을 대신할 수 있다.
*Ctrl + S 프레지는 주기적으로 자동 저장되지만, Ctrl + S로 수동 저장할 수도 있다.
*Ctrl + Z / Ctrl+C / Ctrl + X / Ctrl+V 일반적으로 윈도우에서 사용하는 실행 취소, 복사, 잘라내기, 붙여넣기를 프레지에서도 활용할 수 있다.
*이스케이프(Esc) 키 감상 모드에서 빠져 나간다.
*시프트(Shift) + 클릭 편집 모드에서 복수의 객체를 한꺼번에 선택하고 싶을 때 사용한다.
* F - 프레임 추가하기, 한 번 더 누르면 프레임 종류를 변경한다.
* L - 캔버스에 파일을 추가한다. (이미지, PDF, 비디오 파일)
* S - 모양 그리기, 한 번 더 누르면 모양을 변경한다. (화살표, 선, 사각형, 원, 삼각형)
제작 후 감상모드 시 마우스를 사용해 원하는 순서대로 감상할 수 있다.

2) 활용

활동교육계획안

생활주제: 동물과 자연 **연령:** 5세

활동유형: 이야기 나누기 **활동명:** 동물이 사는 곳이 있어요

활동목표

- 동물마다 살아가기에 적절한 환경이 있음을 안다.
- 동물마다 적절한 환경에서 살아야 하는 이유를 말할 수 있다.
- 동물의 서식지에 대한 이야기 나누기에 즐겁게 참여한다.

활동내용

1. (제작한 프레지를 보며) 지난 시간에 알아본 서식지의 특징에 대해 회상한다.

 – 어제 이야기 나누기 시간에 (북극 사진을 보여주며) 여기에 누가 산다고 했었지?
 – 사막여우와 낙타는 어디에 살았었니?
 – 넓고 풀이 많은 초원에는 어떤 동물이 살았지?

2. 적절한 환경에 살고 있지 않는 동물들의 이야기를 들려준다.

(초원–북극곰)
"큰일 났어, ○○반 친구들! 우리 동물친구들이 여행을 갔다가 오는 길에 비행기를 탔어. 그런데 알고 보니 비행기 표가 모두 바뀌어 있었지 뭐야? 그 바람에 우리는 우리 집이 아닌 다른 곳에 도착했어. 여기는 너무 덥고 먹을 것이 없어."
(사막–코끼리, 기린)
"아아, 모래바람 때문에 눈을 뜰 수가 없어. 물도 없고 먹을 것도 하나 없는 것 같아. 너무 배고파."
(북극–낙타)
"너무 추워서 더 이상 못 있겠어. ○○반 친구들! 우리는 왜 이 곳에 있을 수 없는 걸까?"

 – 동물 친구들에게 무슨 일이 일어났니?
 – 왜 다른 곳에 내리게 된 동물들이 힘들어 하고 있을까?

– 오늘 동물들이 왜 다른 서식지에서 살 수 없는지 자세히 알아보도록 하자.

3. 동물들이 자신에게 적절한 서식지에서 살아야 하는 이유에 대해 이야기 나눈다.

1) 북극곰이 북극에서 살기에 적절한 이유에 대해 이야기 나눈다.

– 북극곰이 왜 초원에 있는 것이 힘들다고 생각하니?
– 북극곰은 어디에서 사는 것이 좋을까? 왜 그렇게 생각하니?
– (북극곰의 털과 기린의 털 사진을 보여주며) 어떤 점이 다른 것 같니?
– 북극곰 털은 왜 따뜻한 곳에 사는 기린의 털보다 길고 많을까?

2) 낙타가 사막에서 살기에 적절한 이유에 대해 이야기 나눈다.

– 낙타가 왜 북극에 살게 되면 어떤 점이 힘들까?
– 낙타가 힘들지 않으려면 어디에 살면 좋을 것 같니?
– (낙타의 발을 보여주며) 사막에서 낙타는 어떻게 살 수 있는 걸까?
– 낙타의 발은 어떻게 생겼니?
– 낙타의 두껍고 넓적한 발은 어떤 역할을 하게 될까?
– (낙타의 눈썹을 보여주며) 우리의 눈썹과 어떤 점이 다르니?
– (낙타의 등을 보여주며) 낙타의 등은 왜 볼록할까?

3) 코끼리와 기린이 초원에서 살기에 적절한 이유에 대해 이야기 나눈다.

– 코끼리와 기린은 왜 사막에서 살기가 어려울까?
– 만약에 코끼리와 기린이 북극에서 살면 어떨 것 같니?
– 코끼리와 기린은 어디에 사는 것이 좋을까?

4. 동물들의 서식지를 찾아가는 활동을 통해 평가한다.

– 너희들이 동물이 되어 살기 좋은 곳으로 가보도록 하자.
– 교실 바닥에 동물들이 사는 장소들을 표시해 두었는데 이번에는 너희들이 동물이 되어 살기에 적절한 장소로 찾아가보도록 하자.
– ○○이는 왜 사막으로 갔니?
– 북극에 있는 친구들은 왜 북극으로 갔니?
– 혹시 다른 곳으로 이사하고 싶은 친구가 있니?

5. 활동을 마무리한다.

- 오늘 북극곰, 낙타, 코끼리와 기린이 각자 다른 서식지에서 살기 좋은 이유에 대해 알아보았어.
- 오늘 활동을 하면서 새롭게 알게 된 점이 있니?
- 선생님이 다른 동물들도 데리고 왔는데 다른 동물들도 자신의 서식지를 찾아 달라고 하는구나. 선생님이 수·조작 영역에 놓아두도록 할 테니까 동물들이 살기에 좋은 장소로 데려다 주도록 하자.

6. 다음 활동을 소개한다.

- 다음 이야기 나누기 시간에는 어떤 것에 대해 알아보고 싶니?

Memo

4
Chapter

동화·동극·동시

1 빨강도깨비, 파랑도깨비, 노랑도깨비

1) 제작

활동유형: 동화

교구제작 순서

1. PVC 등장인물 그림 만들기

1) 색PVC위에 도깨비 모양의 밑그림을 보드마카로 그린다.
2) 색PVC의 보드마카 선을 따라 자른다.
3) 도깨비의 눈 위치를 칼을 이용해 판다.
4) 다양한 색의 유성매직으로 눈, 코, 입, 뿔 등을 그린다.
5) 송이와 여러 가지 색의 물건 그림도 이와 같이 완성한다.

2. 아크릴판 막대 만들기

1) PVC를 오려 완성된 도깨비의 크기에 맞는 아크릴판을 준비한다.
2) 아크릴판이 PVC 그림의 크기보다 공간이 남도록 검정색 싸인펜으로 오각형과 1자 막대가 연결된 형태를 그려준다.
3) 2)에서 스케치한 싸인펜 자국을 따라 아크릴 칼을 이용해 아크릴판을 자른다.
4) 자른 아크릴판의 날카로운 부분에 사포질을 하고, 손잡이 부분을 접착펠트지로 감싸준다.
5) 아크릴판에 PVC그림을 올린 후, 투명색 시트지를 붙여 그림이 고정될 수 있도록 한다.

3. 그림자 배경 및 제목 만들기

1) 색PVC를 그림자 배경 모양에 따라 오린다.
2) 검정색 하드보드지를 PVC의 크기보다 1cm 크게 오린다.
3) 검정색 하드보드지의 안에 색PVC가 들어갈 수 있도록 1)의 크기보다 1cm 작게 오린다.

4) 색PVC를 양면테이프를 이용해 하드보드지와 붙여 고정한다.
5) 하드보드지에 색PVC와 흰 부분이 드러나지 않도록 검정색 마스킹테이프를 붙인다.
6) 편하게 조작하기 위해 그림자 배경을 그림자 동화 틀에 걸어 놓을 수 있도록 구멍을 뚫는다.
7) 파랑색 배경 틀의 경우 조작하며 공간이 이동해야하기 때문에 아크릴 막대를 붙여준다.

4. 그림자 동화 틀 만들기

1) 전지 크기의 폼보드를 양 옆의 1/4씩 칼집을 낸다.
2) 가운데 폼보드에 2절지의 트레싱지가 들어갈 만큼 칼로 잘라낸다.
3) 트레싱지를 검정색 마스킹테이프로 붙여 고정시킨다.
4) 폼보드와 같은 크기의 검정색 하드보드지를 2장 준비하여 1)과 2)의 과정을 동일하게 한다.
5) 폼보드의 앞, 뒷면에 강력접착제를 이용하여 4)의 하드보드지를 붙인다.
6) 검정색 마스킹테이프로 테두리를 붙여 마무리한다.

2) 활용

활동교육계획안

생활주제: 환경과 생활 **연령:** 만 4세
활동유형: 동화 **활동명:** 빨강도깨비, 파랑도깨비, 노랑도깨비
자료: 그림자 동화(동화 틀, 송이, 여러 가지 색 도깨비, 색깔 사물 및 동식물, 랜턴, 검정색 테이블 보)

활동목표

- 빛을 통해 그림자가 생기는 것을 안다.
- 색의 혼합에 대하여 말로 표현할 수 있다.
- 동화를 바른 자세로 듣는다.

활동내용

1. 색혼합에 관한 경험을 이야기 나눈다.
   - 애들아, 여러 가지 색깔을 섞어 그려본 적이 있니?
   - 민규는 빨강과 파랑을 섞어 보았구나. 색을 섞어 그려보니 어떻게 되었니?
   - 오늘 들어 볼 동화에서도 도깨비들에게 신기한 일이 일어난 후 몸의 색깔이 달라졌다고 해. 어떤 일이 일어났는지 함께 들어보자.

2. 동화를 듣기 전 지켜야 할 약속에 대해 이야기를 나눈다.
   - 그런데 선생님이랑 동화를 듣기 전에 몇 가지 약속이 있으면 우리가 동화를 더 재밌게 들을 수 있을 거 같아.
   - 우리가 지켜야 할 약속에는 무엇이 있을까?

3. 동화 제목을 보고 이야기를 나눈다.
   - 애들아, 선생님 들고 있는 것에 어떤 그림이 보이니?
   - 이 동화 제목을 들어보니까 어떤 내용일 거 같니?
   - 친구들이 말한 것과 같은지 동화를 잘 들어보도록 하자.

4. 동화를 듣는다.

5. 동화의 내용을 회상한다.

- 모두 동화를 잘 들어봤니?
- 동화에는 어떤 주인공들을 볼 수 있었니?
- 송이는 어디를 가고 있었니?
- 도깨비들은 송이에게 어떤 퀴즈를 냈었지?
- 노란 색에는 어떤 것들이 있었지?
- 도깨비가 낸 문제에 송이가 잘 대답해주어서 노랑도깨비가 어떻게 했지?
- 빨강도깨비랑 파랑도깨비가 합쳐졌을 때 무슨 색 도깨비가 나왔니?
- 도깨비들이 모두 합쳐졌을 때, 송이는 어떻게 했지?
- 모두 이야기를 재밌게 들어주었구나.

6. 동화를 듣고 활동에 대해 평가한다.

- 우리 약속을 지키면서 동화를 들어보았니?
- 동화에서 어떤 장면이 가장 재미있었는지 이야기하고 싶은 친구가 있니?
- 송이가 후다닥 달아난 게 재미있었구나. / 도깨비가 합체해서 검정도깨비가 나타난 것이 신기했구나. / 노란 색에 무엇이 있는지 직접 말하는 것이 즐거웠구나.
- 도깨비가 우리에게 파랑색에는 어떤 것이 있냐고 물어보면 대답해줄 수 있는 친구가 있니?
- 기분이 좋아진 노랑 도깨비가 빨강 도깨비를 끌어안았을 때, 어떻게 됐는지 기억하는 친구가 있니?
- 선생님이 빨강 도깨비, 파랑 도깨비, 노랑 도깨비 막대를 준비해 보았어.
- 이 막대인형을 어디에 두면 좋을까?
- 도깨비를 서로 합쳐보면서 색이 어떻게 변하는지도 보고, 오늘 봤던 동화로 동화 구연을 해봐도 재미있겠다.

7. 다음 시간에 대한 안내를 한다.

- 다음 시간은 점심시간이야. 도깨비처럼 여러 가지 색깔의 음식들을 맛있게 먹어보도록 하자. 빨간색 도깨비가 좋은 친구들부터 차례대로 손을 씻고 오도록 하자.

동화 내용 첨부

빨강도깨비, 파랑도깨비, 노랑도깨비

송이가 할머니 댁에 심부름을 가요.

그때 갑자기 무섭게 생긴 빨강도깨비가 나타났어요.

"으하하하~! 나처럼 빨간 것 다섯 가지를 대 봐. 못 대면 잡아먹을 테야."

"으음... 아! 무당벌레도 있고, 시원한 수박도 있고, 아름다운 장미랑, 카네이션, 그리고 사과가 있지!"

"틀렸어. 사과는 빨갛지 않아. 너를 잡아먹어야겠다."

그러자 파랑도깨비가 나타났어요.

"아유, 사과가 익으면 빨간 거 모르니? 나처럼 파란 것 세 가지만 대 봐. 그러면 빨강도깨비가 잡아먹지 못하게 해 줄게."

"맛있는 블루베리, 바다에 사는 돌고래랑 또... 내 칫솔!!"

"네 칫솔이 파란지 노란지 알 게 뭐야."

파랑도깨비가 투덜댔어요.

"뭐? 노랑? 노랑이라고?"

그러자 이번에는 노랑도깨비가 나타났어요.

"칫솔이 파랄 수도 있지 뭐. 송이야, 나처럼 노란 것 세 가지만 대 봐. 그럼 할머니 집으로 보내 줄게."

"알겠어, 음... 아...(한참을 고민하다) 살랑살랑 나는 나비랑, 삐약삐약 병아리, 그리고 음...아! 민들레!"

"헤헤~! 잘 했어, 송이야."

기분이 좋아진 노랑도깨비는 빨강도깨비를 끌어안았어요. 어라? 주황색이 되었네요.

이번에는 파랑도깨비를 끌어안았어요. 어라? 초록색이 되었네요.

빨강도깨비와 파랑도깨비도 즐거워하며 서로 끌어안았어요. 어라? (잠시 멈추며) 보라색이 되었네요.

이번에는 빨강도깨비 파랑도깨비 노랑도깨비가 모두 끌어안았어요.

그러자 (잠시 멈추며) 검은색이 되었어요.

"엄마야, 이게 무슨 일이야! 도깨비가 합쳐지고 있어!!" 송이는 깜짝 놀라서 할머니 댁으로 후다닥 달아났어요.

신이 난 빨간 도깨비, 파란 도깨비, 노란 도깨비는 다 같이 집으로 돌아갔어요.

2 100층짜리 집

1) 제작

활동유형: 동화

교구제작 순서

1. 동화 틀 만들기

1) 하드보드지와 폼보드를 54cm × 약 8.5 cm로 자르고 붙인다.
2) 직각 부채꼴 모양으로 폼보드와 하드보드지를 자르고 붙인다.
3) 1)에 바인더를 달고 하늘색 한지를 붙인 후, 뒷면 윗부분에 자석을 붙인다.
4) 2)에 연두색 한지를 붙인 다음 3)에 붙여 틀을 만든다.
5) 하드보드지와 폼보드의 가로를 1)의 두께만큼 잘라서 붙이고, 하늘색 한지를 붙인다.
6) 골판지와 색지를 이용해 '100층짜리 집' 글씨를 만들어 붙이고, 하얀 색지 위에 다양한 색의 색지로 꾸며준다.
7) 경첩을 달아 틀과 표지를 연결하고 펠트지, 하드보드지, 자석을 이용해서 표지를 고정한다.

2. 동화 낱장(동물 층) 만들기

1) 하드보드지의 윗면과 옆면을 각각 7cm, 8cm로 10장 자른다.
2) 아크릴 물감, 색지, 한지를 사용하여 각 층의 배경을 그린다.
3) 모루나 지끈, 스팽글과 같은 다양한 재료들을 이용하여 각 장면의 동물이나 특징을 입체로 만든다.
4) 하드보드지에 아크릴 물감으로 그림을 그려 뒷면에 폼보드를 붙여 각 장면의 주요 장면을 입체로 만든다.
5) 색지, 지끈을 이용하여 각 장면마다 층수를 나눈다.
6) 거미 층은 하드보드지를 한 장을 더 덧

대어 폼보드와 하드보드지, 흰 종이, 함석판으로 만든 입체 집을 붙인다.

7) 장면의 밑에 검정색 마스킹테이프를 감싸고, 뒷면에 검정색 한지를 붙인다.
8) 바인더의 위치대로 마스킹테이프 위에 구멍을 뚫는다.

3. 동화 마지막장 만들기

1) 7cm 자른 4절 하드보드지 2장에 하늘색 한지를 붙인다.
2) 색지를 이용해 첫 번째와 두 번째 장면을 동화책과 같이 만든다.
3) 펠트지와 자석을 이용해 초대장을 만들고, 첫 번째 장면에 붙인다.
4) 7cm 자른 4절 하드보드지 3장 중 2장은 검정색 마스킹테이프로 연결하고 1장은 검정색 한지를 붙인다.
5) 두 장을 연결한 하드보드지의 안쪽에 반짝이 모루, 반짝이 색종이, 펠트 등을 이용해 우주 장면을 만든다.
6) 5)의 1장짜리 하드보드지에 스팽글, 색지를 이용해 엘리베이터 장면을 만든다.
7) 6)의 집 위, 아래에 구멍을 뚫어 낚싯줄을 넣고 뒤에서 매듭짓는다.
8) 7)의 낚싯줄 위에 하드보드지, 아크릴 물감, 색지로 만든 엘리베이터를 붙인다.
9) 첫 번째 장면의 뒤에는 연두색 한지, 나머지 장면의 뒤에는 검정색 한지를 붙인다.
10) 하드보드지를 도치 모양으로 자른 후 색지를 이용해 도치를 만들고 표지의 뒷면에 붙여 낚싯줄을 연결해 입체로 만든다.
11) 장면의 밑에 검정색 마스킹테이프를 감싸고, 바인더의 위치대로 마스킹테이프 위에 구멍을 뚫는다.

4. 도치막대와 동물그림카드 만들기

1) EVA와 살구색 펠트지를 동그라미로 자르고, 갈색 펠트지를 도치의 머리 모양으로 자른다.
2) 바느질하여 도치 얼굴을 만든다.
3) 하드보드지와 폼보드를 잘라 'ㄷ' 모양으로 붙이고, 그 위를 마스킹테이프로 감싼 후 도치 얼굴을 붙인다.
4) 하드보드지와 폼보드를 각각의 동물 모양으로 잘라서 붙인다.
5) 아크릴 물감으로 동물을 그린다(달팽이는 단추를 사용한다).
6) 동물을 그린 뒷면에 자석을 붙인다.

2) 활용

활동교육계획안

생활주제: 동식물과 자연 **연령:** 만 4세
활동유형: 동화 **활동명:** 100층짜리 집
자료: 테이블동화(테이블동화 매체, 도치 막대, 동물 그림카드)

활동목표

- 동화 '100층짜리 집'에 나오는 동물들의 특성을 안다.
- 동화 '100층짜리 집'을 듣고 자신의 느낌, 생각을 적절한 말로 표현한다.
- 동화 '100층짜리 집'을 즐겁게 듣는다.

활동내용

1. 선생님이 어제 경험했던 이야기를 들려준다.

– 얘들아, 선생님이 어제 집으로 돌아가는 길에 신기한 일을 겪었어. 어떤 이야기일지 한 번 들어볼래?

> 선생님은 유치원이 끝나고 집으로 돌아갈 때 항상 버스를 타고 간단다.
> 집으로 돌아가는 길에는 ○○중학교도 있고, 지하철역도 있고, ○○마트도 있고 경찰서도 있어.
> 그런데 어제는 날씨가 너무 좋아서 집에 걸어가기로 했어.
> 걸어서 집으로 가는 길에 ○○중학교도 보았고, 지하철역도 보았어. 또 마트와 경찰서도 보았지.
> 열심히 걸어서 집으로 가고 있는데, 갑자기 선생님 눈앞에 평소에는 보지 못했던 커다란 집이 툭 하고 나타난 거야!
> 그 집은 너무 높아서 꼭대기가 가물가물 잘 보이지 않았어.
> 우리 동네에서 그렇게 높은 집을 본 건 처음이었어.

– 과연 그 집은 누구의 집이었을까?

2. 높은 곳과 관련된 경험에 대해 이야기 나눈다.

– 선생님이 어제 보았던 집처럼 꼭대기가 잘 보이지 않을 만큼 아주 높은 곳

을 올려다 본 적이 있는 친구가 있니?
- 그럼 혹시 그 아주 높은 곳에 올라가 보았니?
- 올라가 보니 어떤 기분이었니?
- 오늘은 어제 선생님이 겪었던 일과 비슷한 경험을 한 친구의 이야기가 담긴 이와이 도시오 작가님의 '100층짜리 집'이라는 동화를 가지고 왔어. 어떤 일이 일어났는지 함께 들어보자.

3. 동화를 듣는다.

- (초대장을 읽는 장면 후) 우리 다 같이 도치에게 온 초대장을 읽어보도록 하자.
- 글씨를 읽을 수 있는 친구들은 선생님과 같이 글을 읽어보고, 아직 글씨가 조금 어려운 친구들은 선생님과 친구들이 읽는 글을 다시 한 번 잘 들어보자(초대장을 함께 읽는다).
- (도치가 40층에 도착한 후) 얘들아, 다음 층에는 누가 살고 있을 것 같니?
- ○○반 친구들이 많은 동물들을 이야기해 주었구나.
- 다음 층에 살고 있는 동물은 아주 긴 동물이래. 우리 어떤 동물이 살고 있는지 다시 동화를 보도록 하자. 다시 한 번 하나, 둘, 셋을 세어주면 보여주도록 할게.
- (도치가 70층에 도착한 후) 얘들아, 다음 층에는 또 어떤 동물이 살고 있을까?
- 토끼라고 생각한 친구도 있고, 사자라고 생각한 친구도 있구나.
- 다음 층에 살고 있는 동물은 아주 어두운 곳에 살고 있는 동물이래. 어떤 동물이 살고 있는지 이번에도 하나, 둘, 셋을 세어주면 보여주도록 할게.

4. 동화의 내용을 회상한다.

- 모두 동화를 잘 들어보았니?
- 동화 속에서 도치는 어디에 갔었지?
- 100층짜리 집에서 어떤 동물들을 만났었지?
- 그 중에서 가장 처음으로 만난 동물은 어떤 동물이었니?
- 그럼 가장 긴 몸을 가지고 있는 동물은 어떤 동물이었지?
- 어두운 곳에 살고 있는 동물은 누구였지?
- 박쥐가 살고 있는 층은 다른 동물들이 살고 있는 층과 어떤 점이 달랐는지 기억나는 친구가 있니?
- 왜 다른 층과는 다르게 모든 것이 천장에 거꾸로 매달려있을까?

– 도치는 100층에서 누구를 만났었지?
– 거미왕자와 무엇을 했었니?

5. 동화를 듣고 느낀 점을 이야기 나눈다.

– 동화에서 재미있던 부분이 있었니?
– ○○이가 재미있었다고 이야기해준 장면을 다시 한 번 보도록 하자.
– 너희가 100층짜리 집에 간다면 어떤 동물을 가장 만나보고 싶니?
– 왜 그 동물을 만나고 싶니?
– 그럼 100층짜리 집에 간다면 무엇을 해보고 싶니?
– 오늘 너희들이 모두 동화를 잘 들어준 것 같아서 너무 고마워.

동화 내용 첨부

100층짜리 집

별을 바라보는 걸 좋아하는 도치라는 아이가 있었어요. 어느 날, 도치에게 편지가 왔어요.

"누가 보낸 거지?"

〈나는 100층짜리 집 꼭대기에 살고 있어. 우리 집에 놀러오지 않을래?〉

"100층짜리 집이라고? 재미있겠는데? 얼른 가봐야겠다!"

지도를 보면서 숲 속을 걸어가는데 갑자기 눈앞에 커다란 집이 툭 나타났어요.

"아, 여기네! 어? 이상하다. 지금까지 없었는데… 집이 너무 높아서 가물가물 잘 보이지도 않네. 어쨌든 들어가 보자!"

도치는 주저하며 층계를 올라가기 시작했어요.

"여긴 생쥐들 집인가? 누구 안에 계세요? / 음… 계속 기다려도 대답이 없네."

"안녕? 100층 꼭대기에 가려고 하는데 좀 지나가도 될까?"

"그럼, 되고말고!"

이윽고 도치는 10층까지 올랐어요.

"어? 여긴 다람쥐가 사는 곳인가 봐."

"이 집에는 10층씩 각각 다른 동물들이 살고 있어."

"아, 그렇구나."

"도토리주스 한 잔 마실래?"

"읍, 주스가 왜 이렇게 써!"

20층까지 올랐어요. 다음 층에는 누가 살까요?

아~ 개구리가 살고 있었군요!

"집 안인데 비가 오네?"

"우린 이슬을 모아 목욕을 해. 젖으면 안 되니까 우산을 써."

도치는 30층까지 올랐어요. 다음 층에는 누가 살까요?

아~ 다음 층에는 무당벌레가 살고 있었네요.

"무당벌레야. 뭐하고 있니?"

"벽을 새로 칠하는 중이야."

"물방울무늬를 좋아하는구나! 나도 좀 도와줄게."

"고마워. 그런데 혹시 올라가는 중이라면 이걸 여왕벌님께 전해 줄래?"

"그래! 이따 여왕벌님을 만나면 꼭 전해드릴게."

40층까지 올랐어요. 다음 층에는 누가 살까요?

바로바로, 뱀이 살고 있었어요.

"아야아야… 충치가 생겼어."

"내가 빼 줄게. 조금만 참아! 이얏!"

"으, 아파라,, 고마워, 네 이름은 뭐니?"

"나는 도치야!"

"도치야, 우리랑 뱀넘기 하지 않을래? 시-작!"

"우와~ 정말 재밌다!"

어느덧 50층까지 올랐어요. 다음 층에는 누가 살까요?

아하! 꿀벌이 살고 있었군요.

"이제 곧 음식점을 차릴 거야. 맛이 어떨지 한 번 먹어 볼래?"

"좋아. 벌꿀 케이크가 정말 맛있어 보인다. 아참, 여왕벌님! 무당벌레가 선물을 보냈어요."

"우와, 정말 고마워! 내가 정말 갖고 싶었던 목걸이야~"

60층까지 올랐어요. 다음 층에는 누가 살까요?

다음 층에는 딱따구리가 살고 있었어요.

"조각품을 만들려고 하는데 모델이 돼 줄래?"

"설마 이렇게 계속 서 있으라는 건 아니겠지?"

도치는 가만히 서있었어요.

"나는 이제 100층으로 얼른 가봐야 해. 미안~! / 너희들은 뭐하는 중이니?"

"우린 지금 나는 연습을 하고 있어."

"아~ 어서 빨리 잘 날 수 있길 바라."

70층까지 올랐어요. 다음 층에는 누가 살까요?

"여기에는… 어? 어두워서 잘 보이지 않네… 아! 박쥐구나!"

"히히히, 네 목에서 피를 좀 빨아도 될까?"

"싫어! / 아, 너무 무서웠어. 그래서 그런가... 화장실가고 싶네. 혹시 화장실 좀 써도 될까요?"

"위층에 있어. 그런데 변기가 거꾸로 매달려 있어서 너에게 맞을지 모르겠어."

화장실에 다녀온 도치는 80층까지 올랐어요. 다음 층에는 누가 살까요?

달팽이가 살고 있었네요!

"오늘은 내가 태어나서 처음으로 맞은 생일날이야!"

"생일 축하해!"

"생일아이스크림 먹고 갈래?"

"우와, 진짜 맛있겠다~"

90층까지 올랐어요. 다음 층에는 누가 살까요?

여기에는 거미가 살고 있었어요.

"네가 도치구나! 100층에서 널 기다리고 있어."

"정말? 100층 꼭대기에 살고 있는 친구는 누굴까? 가슴이 막 두근거리네."

"지금은 엘리베이터 공사 중이야. 이제 곧 탈 수 있어."

"그럼 모두 편리하게 이용할 수 있겠다."

드디어, 100층에 도착했어요.

100층으로 올라가니 누군가가 도치를 기다리고 있네요?

"안녕! 나는 100층짜리 집 주인 거미왕자야!"

"편지를 보낸 게 너였구나!"

"응. 망원경을 보다가 널 발견하곤 편지를 보낸 거야. 어서 와! 아까부터 기다리고 있었어. 도치야, 우리 같이 별 보러 갈까?"

"좋아!"

"우와~! 정말 멋있다."

"정말?"

"응~ 너 정말 멋있는 곳에 살고 있구나! 꼭대기인 100층에서 별을 보니까, 훨씬 더 아름다워!"

"네가 즐거워하니까 나도 기쁜 걸? 도치야, 우리 친구 할까?"

"그래, 좋아! 우리 친구 하자! 다음에 별 보러 또 놀러 와도 돼?"

"그럼, 언제든지 놀러 와. 집으로 돌아갈 때는 엘리베이터를 타고 내려가면 돼! 방금 막 공사를 마쳤거든."

"벌써 시간이 이렇게 됐잖아? 나는 이제 그만 가봐야겠어."

슈-웅!

"우와, 눈 깜짝할 사이에 엘리베이터가 땅에 닿았네."

100층짜리 집은 별이 가득한 하늘 저 멀리로 사라져가고 있었답니다.

"안녕! 또 놀러 갈게!"

3 사랑스러운 까마귀

1) 제작

활동유형: 동화

교구제작 순서

1. 등장인물 만들기

1) 동화의 각 장면에 나오는 배경과 등장인물들을 검정색 전지와 셀로판지를 이용하여 만든다.

2. 배경 만들기

1) OHP필름 A3 사이즈에 양면테이프 또는 순간접착제를 이용하여 등장인물과 배경을 붙인다.
2) 유성매직을 이용하여 나무와 울타리, 바다를 그린 후 말린 다음에 덧칠한다.
3) 필름의 양 옆에 3×30cm 크기의 하드보드지를 앞뒤로 붙인다.
4) 투명PVC를 3×10cm 크기로 재단하여 모서리를 둥글게 자른 후 펀치로 한 쪽에 구멍을 뚫어 하드보드지에 붙인다.

3. 등장인물에 막대 붙이기

1) 움직임이 들어가는 등장인물들을 전지로 만든 후 투명 PVC에 붙여 오린다.
2) 아크릴 막대를 각 등장인물들의 움직임을 고려하여 적절한 길이로 자른 후 매체에 순간접착제로 붙인다.
3) 아크릴 막대의 접착된 부분에 검정색 마스킹테이프를 붙인다.
4) 아크릴 막대를 손으로 잡는 부분에 라벨지로 장면의 번호를 적는다.

4. 그림자 동화 틀 만들기

1) 하드보드 전지를 65×77cm 크기로 잘라 2개를 만들고 47×30cm 크기로 구멍을 뚫는다.
2) 10T 폼보드를 65×77cm 크기로 잘라서 1개를 만들고 47×30cm 크기로 구멍을 내어 하드보드지 사이에 같은 사이즈로 재단한 트레싱지와 함께 붙인다.
3) 하드보드 전지를 32c×77cm 크기로 잘라서 4개를 만든다.
4) 10T 폼보드를 32×77cm 크기로 잘라서 2개를 만든 후 각각 하드보드지 사이에 붙여 틀의 문을 만든다.
5) 세 부분의 틀의 모서리에 모두 두꺼운 검정색 마스킹테이프로 마감한다.
6) 2개의 문을 가운데 틀의 양 옆에 경첩을 이용해 연결한다.
7) 연결한 부분의 틈이 너무 넓다면 검정색 천을 적당한 크기로 잘라 붙인다.
8) 그림자 동화의 배경을 걸 수 있는 고리 2개를 붙인다.

2) 활용

활동교육계획안

생활주제: 나와 가족
연령: 만 4세
활동유형: 동화
활동명: 사랑스러운 까마귀
자료: 그림자 동화 틀, 동화 장면, 조작 매체, 랜턴

활동목표

- 자신의 특별함을 안다.
- 동화를 듣고 자신의 느낌, 생각, 경험을 적절한 말로 표현할 수 있다.
- 자기 자신을 소중히 여기는 마음을 가진다.

활동내용

1. 까마귀에 대한 수수께끼를 듣는다.

– 애들아, 선생님이 동물 수수께끼를 하나 준비해 왔어.
– 선생님의 이야기를 잘 들어보고 어떤 동물인지 한 번 맞혀보자.
– 이 동물은 하늘을 날아다녀.
– 이 동물의 발은 이렇게 생겼어.
– 이 동물의 색은 검정색이야.
– 이 동물은 이렇게 울어.
– 무슨 동물일까?
– 모두 잘 맞혀주었구나. 바로 까마귀였어.
– 오늘은 선생님이 까마귀가 나오는 동화책을 준비해 왔어.
– 어떤 동화책인지 궁금하지 않니?

2. 동화책의 표지를 보고 내용을 예측해본다.

– 오늘 선생님이 준비해온 동화책은 바로 이거야.
– 글씨를 읽을 수 있는 친구들은 선생님과 함께 동화책의 제목을 읽어보도록 하자.
– 모두 잘 읽어주었어. 오늘 우리가 들어볼 동화책은 바로 '사랑스러운 까마귀'라는 동화야.
– 이 동화책을 읽어본 친구가 있니?

- 읽어본 친구도 있고 아직 읽어보지 못한 친구도 있구나.
- 동화책의 제목을 읽어보니 어떤 내용일 것 같니?
- 사랑스러운 까마귀가 나올 것 같다고 해준 친구도 있고 잘 모르겠다고 대답해준 친구도 있구나.
- 정말 너희들이 이야기해준 것이 맞는지 동화를 들어보도록 하자.

3. 동화를 듣는다.

- 그런데 이 동화는 선생님이 그림자로 들려줄 거야.
- 그림자로 동화를 듣기 위해서는 불을 끄면 더 잘 볼 수 있어.
- 혹시 불을 끄는 것이 무서운 친구가 있니?
- 많은 친구들이 괜찮다고 이야기해주었으니까 불을 모두 끄고 동화를 들어보도록 하자.

4. 동화의 내용을 회상한다.

- 모두 동화를 잘 들어보았니?
- 까마귀의 마음이 왜 답답했니?
- 그래, 자신의 몸 색깔이 너무 까매서 속상하다고 했지.
- 까마귀는 처음에 어떤 새가 되고 싶어 했었지?
- 모두 잘 기억해주었구나. 머리숱도 많고 꼬리도 길고 알록달록한 새가 되고 싶어 했지.
- 시인 할아버지를 만나고 나서 까마귀는 어떤 기분이 들었니?
- 까마귀는 시인 할아버지의 말을 듣고 행복해 했지.
- 시인 할아버지는 까마귀에게 어떤 이야기를 해주었지?
- 까마귀의 검정색이 다른 색들을 더 빛나게 해주고 반짝반짝 빛나는 잉크, 꿈나라로 흐르는 강물, 부드러운 그림자라고 해주었지.

5. 활동의 목표를 평가한다.

- 이렇게 할아버지가 까마귀의 몸 색깔을 칭찬한 것처럼 너희들의 몸 중에서 칭찬해주고 싶은 부분이 있니?
- ㅇㅇ이는 ㅁㅁ이의 튼튼한 치아를 칭찬해주고 싶구나,
- ㅁㅁ이는 ㅇㅇ이의 기다란 머리카락을 칭찬해주고 싶다고 해주었고 △△이는 종이접기를 잘 하는 손을 칭찬해주고 싶다고 해주었어.

6. 활동을 평가한다.

- 오늘 동화를 들으면서 가장 재미있던 장면은 어떤 부분이었니?
- ○○이는 까마귀가 날아다니는 장면이 진짜로 까마귀가 날아다니는 것 같아서 재미있었구나.
- □□이는 눈 내리는 장면이 진짜로 눈이 내리는 것 같아서 재미있다고 해주었어.
- 그러면 오늘 동화를 들으면서 아쉬웠던 부분이 있는 친구가 있니?
- △△이는 직접 까마귀를 날려보고 싶었다고 해주었구나.
- 그럼 선생님이 이 그림자 동화의 틀과 까마귀들을 언어 영역에 놓아둘게. 가지고 놀고 싶은 친구들은 자유선택활동 시간에 언어 영역에 가서 자유롭게 놀아도 좋아.

7. 다음 활동에 대한 안내를 한다.

- 다음은 너희들이 제일 좋아하는 점심시간이야. 가장 뒤에 앉은 친구들부터 까마귀처럼 훨훨 날아서 화장실에 가서 손을 씻도록 하자.
- 이제 앞줄에 앉은 친구들도 일어서서 까마귀처럼 화장실에 가도록 하자.

동화 내용 첨부

사랑스러운 까마귀

커다란 까마귀는 정말 마음이 답답했어요. 무거운 마음을 안고, 이제 막 농사가 끝난 밭에서 좁은 길을 따라 걸어갔지요. 까마귀는 자꾸만 이런 생각이 들었어요.

'내가 이런 새라면 얼마나 좋을까, 머리에는 멋진 술이 달려 있고, 꼬리도 길고, 깃털도 알록달록하고 지지배배 예쁜 노래도 부르고 다니는 새라면, 또 따뜻한 섬나라 새라면, 정말 얼마나 좋을까…. 그렇지만 난 이게 뭐야. 너무 익어버린 딱총나무 열매같이 까맣잖아. 울음소리는 또 이게 뭐야. 깍, 까옥, 까옥까옥. 정말 싫어. 모든 게 깜깜한 어둠 같아. 그런데 내 꿈나라에는 빨간색 노란색이 빛나고, 초록빛과 은빛이 반짝이지. 산들산들 불어오는 바람에 깃털이 살랑살랑 흔들리며 춤추는 꿈나라. 생각만 해도 눈물이 날 것 같아. 근데 날 좀 봐. 난 온통 새까만 숯검정에 까만 찻길 같고 내 몸의 어디를 봐도 온통 까만색뿐이야, 도대체 난 왜 이런 거야, 깍, 까옥, 까옥까옥? 나도 저 까치들처럼 군데군데 하얀 깃털이라도 있으면 좋겠어.'

까마귀 마음속에는 따뜻한 섬나라에 사는 알록달록한 새가 날아다니는데, 들판에서는 흰 눈이 내리 펄펄 내리기 시작했어요. 까마귀는 길모퉁이를 돌다가 산책 나온 어떤 할아버지와 마주쳤어요. "어이, 멋진 까마귀 친구. 무슨 일 있나? 왜 이렇게 기운이 없는 거야?" "까옥까옥. 난 하고 싶은 것도 없고, 되고 싶은 것도 없어요. 언제까지 새까만 채로 살아야 해요. 그렇게 태어났다고요.... 할아버지가 혹시 소원을 다 들어주는 진짜 마법사라면 또 모를까..."

"마법사냐고? 난 그저 평범한 시인이란다. 그래도 너의 몸 색깔이 왜 그렇게 너를 슬프게 하는지 알고 싶구나. 난 말이야, 너를 처음 본 순간 내가 쓰는 펜의 반짝반짝 빛나는 잉크, 깊고 깊은 밤, 꿈나라로 가는 강물, 부드러운 그림자, 뭐 이런 애들이 생각났거든. 게다가 까만색은 다른 모든 색들을 더 빛나게 해주지. 빨간 개양귀비 꽃밭을 지나가 보렴. 꽃들이 훨씬 더 빨갛게 보일 거야. 새카만 너의 날개를 쫙 펼쳐서 가을 밀밭을 내려다 가보렴. 다 익은 밀들이 진짜 황금처럼 반짝반짝 빛나고 있을 거야. 또 있지, 지금 네 주위를 한 번 둘러보지 않을래?"

멋진 까마귀는 한 걸음 사뿐히 내딛어 보았어요. 까마귀의 까만 발이 눈부시게, 하얀 눈 위에서는 정말 또렷하게 보였어요. "진짜 그래요. 세상이 온통 하얀색이니까, 나만 보이네요. 깍, 까옥, 까옥까옥!" 멋진 까마귀는 신이 나서 큰소리로 노래 부르며 하늘로 날아올랐어요.

멋진 까마귀는 시인 할아버지가 느릿느릿 집으로 돌아가는 동안 새하얀 세상 위를 오래 오래 날아다녔어요. "난 이제 내 모습이 너무 멋진 것 같아. 이제는 더 이상 어떤 새도 부럽지 않아!"

4 집 나가자 꿀꿀꿀

1) 제작

활동유형: 동화

교구제작 순서

1. 동화 배경 틀 만들기

1) 동화의 각 장면에 나오는 배경을 펠트지에 도안한 후 바느질한다.
2) 솜과 모루 등 꾸미기 재료를 해당 장면에 붙여 입체감을 준다.

2. 등장인물 틀 만들기

1) 각각의 등장인물이 나오는 장면을 스캔한 후 등장인물만 나오도록 편집한다.
2) 편집파일을 전사용지에 프린트한다.
3) 프린트 된 전사용지를 펠트지에 뒤집어 놓은 후 다림질 한다.
4) 배경에 들어가는 등장인물을 해당 장면에 바느질한다.

3. 등장인물 막대인형 만들기

1) 등장인물 크기에 맞게 5t EVA를 두 개씩 자른다.
2) 등장인물 펠트지 사이에 EVA 두 개를 겹쳐서 넣고, 아크릴 막대를 꽂은 후 앞면과 뒷면을 바느질한다.

4. 동화 배경 만들기

1) 하드보드지에 각각의 장면을 붙인 후 바느질한다.
2) 이불로 만든 집을 펠트지로 만든 후 해당 장면에 낚싯줄로 연결한다.

2) 활용

활동교육계획안

생활주제: 나와 가족 **연령:** 만 5세
활동유형: 동화 **활동명:** 집 나가자 꿀꿀꿀
자료: 아기돼지(뿌, 톤, 양), 온화한 엄마돼지, 화난 엄마돼지, 토끼아줌마, 악어아줌마, 까마귀아줌마 막대인형, 테이블 동화

활동목표

- 가족과 집의 소중함을 안다.
- 동화를 바른 자세로 앉아 듣는다.
- 동화를 듣고 자신의 느낌, 생각, 경험을 적절한 말로 표현할 수 있다.

활동내용

1. 동화매체의 첫 장면을 보고 내용을 예측해본다.

- 오늘 선생님이 너희들에게 재미있는 동화를 들려주기 위해서 동화책을 하나 가지고 왔어.
- 어떤 동화책인지 궁금하지 않니?
- 그럼 선생님이랑 같이 하나, 둘, 셋 하고 외치면 선생님이 동화책을 보여주도록 할게.
- (동화매체를 보여준 후) 선생님이 가지고 온 것이 무엇인 것 같니?
- 이건 오늘 선생님이 ○○반 친구들에게 동화를 들려주기 위해 가져온 테이블 동화야.
- 이 동화가 어떤 동화일 것 같니?
- 돼지가 나올 것 같은 동화라고 이야기해준 친구들도 있고, 잘 모르겠다고 이야기해준 친구들도 있구나.
- 선생님이 너희들에게 들려줄 테이블 동화의 제목은 '집 나가자 꿀꿀꿀' 이야.
- 글씨를 읽을 수 있는 친구들은 선생님이랑 같이 동화책의 제목을 읽어볼까?
- 모두 잘 읽어주었어. 오늘 선생님이 준비한 동화에는 아기돼지 친구들이 나오는데, 우리 친구들처럼 작고 귀여운 아기돼지 친구들에게 어떤 일이 벌어지는지 다 같이 귀를 쫑긋 세우고 들어보자.

2. 동화를 들으면서 이야기를 나눈다.

- 얘들아, 우리 방금 초록 문에는 어떤 동물이 살고 있었지?
- 그래, 토끼가 살고 있었어. 그럼 이 노란색 문에는 어떤 동물이 살고 있을까?
- 우리 친구들은 문에 붙은 꼬리를 보고 악어 같다고 이야기를 해주었어.
- 그럼 친구들이 이야기한 동물의 집이 맞는지 계속 이야기를 들어보도록 하자.
- 얘들아, 우리 방금 전 노란색 문에는 어떤 동물이 살고 있었지?
- 그래, 악어가 살고 있었어. 그럼 이 보라색 문에는 어떤 동물이 살고 있을까?
- 거미가 살고 있을 것 같다고도 이야기를 해주었고, 까마귀가 살고 있는 것 같다고 이야기를 해주었구나.
- 그럼 어떤 동물이 살고 있는지 이야기를 계속 들어보도록 하자.

3. 동화를 회상한다.

- 얘들아, 동화를 잘 들어보았니? 어떤 내용이었니?
- 그래, 엄마에게 혼이 나서 집을 나온 아기돼지들이 여러 동물들 집에 들어가서 살아보았어. 그렇지만 결국 어디로 돌아왔지?
- 그래, 엄마가 있는 집으로 돌아왔지.
- 동화에는 어떤 동물들이 나왔었지?
- 그래, 토끼아줌마, 악어아줌마, 까마귀아줌마, 아기 토끼들, 아기 까마귀들이 나왔었지.
- 그럼 초록색 집에는 어떤 동물이 살았지?
- 그래, 토끼가 살고 있었어. 우리 친구들이 모두 동화의 내용을 잘 기억하고 있구나.

4. 활동을 평가한다.

- 동화를 들으면서 가장 재미있던 장면은 어떤 부분이니?
- ○○이는 문을 열고 닫을 때가 가장 재미있었구나.
- ○○이는 돼지들이 노래를 부를 때가 가장 재미있었구나.
- 그럼 동화를 들으면서 아쉬웠던 부분은 무엇이니?
- ○○이는 직접 동물인형들을 움직여보고 싶었구나.
- ○○이는 동화의 문을 직접 열어보고 싶었구나.

– 그럼 선생님이 가져온 이 테이블동화 동물인형들을 언어 영역에 두도록 할게. 직접 가지고 놀고 싶었던 친구들은 자유선택활동 시간에 언어 영역에서 놀도록 하자.

5. 다음 활동을 안내한다.

– 얘들아, 다음은 무슨 시간이지?
– 그래, 우리 친구들이 좋아하는 점심시간이지. 손을 씻으러 갈 때 우리 아기돼지들이 불렀던 노래를 불러보며 가보자!

동화 내용 첨부

집 나가자 꿀꿀꿀

숲 속 마을 구름 동네에는 아기돼지 뿌와 톤과 양이 살고 있었어요. 어느 날, 아기돼지들이 수건을 가지고 싸우다가 엄마한테 혼이 났어요. "아무거나 쓰면 어때? 다 똑같잖아!" 당근이 싫다고 투덜거리다가, 또 혼이 났어요. "당근을 안 먹으면 키가 안 커!" 장난감을 잔뜩 어질러 놓았다가 또 혼이 났어요. "치우라고 했지!" 하지만 아기돼지들은 계속 뿌가 때렸다는 둥, 톤이 발로 찼다는 둥, 양이 꼬리를 잡아당겼다는 둥 아주 시끄러웠어요. 마침내, 엄마는 몹시 화가 났어요. "엄마 말 안 듣는 아이는 우리 집 아이가 아니야! 나가!" 아기돼지들은 풀이 죽었어요. 그때, 뿌가 말했어요. "엄만 화만 내. 이런 집은 정말 싫어!" "우리, 이 집 아이가 아니라면 집을 나가자!" "그래, 집을 나가서 다른 집 아이가 되자!"

"엄마, 잘 있어요. 우리, 집 나가요."

아기돼지들은 콧노래를 부르면서 집을 나섰어요.

"이 집하고는 헤어지는 거야. 다른 집 아이가 될래. 집 나가자, 꿀꿀꿀. 집 나가자, 꿀꿀꿀." 뿌가 맨 앞에서 씩씩하게 노래했어요.

"어? 집이 보이네? 토끼아줌마와 아기토끼들이 사는 집인가봐. 혹시, 우리가 찾고 있는 집일지도 몰라." "내가 물어 볼게." "안녕하세요, 아줌마. 우리, 이 집 아이가 되어도 돼요?" "아니, 무슨 일이니? 너희들은 돼지네 집 아이들 아니니?" "하지만 엄마가 말 안 듣는 아이는 우리 집 아이가 아니라고 했어요." "으응 그래. 그럼, 우리 집에 잠깐 있어 볼래?"

토끼아줌마는 뿌와 톤과 양을 당근 밭으로 데리고 갔어요. "아기돼지들아, 여기가 바로 우리집 당근 밭이란다." 토끼아줌마는 아기돼지들을 당근 밭에 데려다주고 당근을 뽑으러 갔어요. "토끼들아! 이렇게 많은 당근으로 무얼 하니?" "우리가 먹지." "날마다 당근만 먹어." "당근 샐러드에, 당근주스." "당근 죽에, 당근 튀김." 아기토끼들이 신이 나서 말했어요. "날마다, 날마다 당근만 먹는대." "아무래도 여기는 우리 집이 아닌 것 같아." 아기돼지들은 살짝 도망쳤어요.

"우와! 강이다! 악어아줌마가 사는 곳인가봐. 혹시, 우리가 찾고 있는 집일지도 몰라." "안녕하세요, 아줌마. 우리, 이 집 아이가 되어도 돼요?" "아니, 무슨 일이니? 너희들은 돼지네 집 아이들 아니니?" "하지만 엄마가 말 안 듣는 아이는 우리 집 아이가 아니라고 했어요." "으응 그래. 그럼, 우리 집에 잠깐 있어 볼래?"

아이가 없는 악어아줌마는 무척 기뻐했어요. "간식을 먹은 뒤에는 잠을 자야지. 어린 아이는 낮잠을 자야 해"라고 하며 억지로 아기돼지들을 재웠어요. "어린 아이는 낮잠을 자야 한대." "싫어, 우리가 아기인가, 낮잠을 자게." "여기도 우리 집이 아닌 것 같아." 아기돼지들은 창문으로 몰래 도망쳤어요.

아기돼지들이 다시 걸어가는데, 또 집이 나왔어요. 저기 까마귀아줌마가 의자를 손질하고 있네요!

"이번에는 정말 우리가 찾고 있는 집일지도 몰라." "안녕하세요, 아줌마. 우리, 이 집 아이가 되어도 돼요?" "아니, 무슨 일이니? 너희들은 돼지네 집 아이들이 아니니?" "하지만 엄마가 말 안 듣는 아이는 우리 집 아이가 아니라고 했어요." "으응 그래. 그럼, 우리 집에 잠깐 있어 볼래?"

뿌와 톤, 양이 집 안으로 들어갔어요. "하나, 둘, 셋, 넷, 다섯, 여섯, 일곱 마리 아기까마귀가 자고 있네!" 뿌가 말했어요. 그때 갑자기 아기까마귀가 모두 한꺼번에 울기 시작했어요! 까마귀들의 울음소리는 뿌가 달래도 그치지 않고, 톤이 노래를 불러주어도 그치지 않았어요.

양이 말했어요. "말 안 듣는 아이는 우리 집 아이가 아니야!" 그래도, 아기까마귀들은 깍깍, 깍깍, 시끄럽게 울기만 했어요. "아, 시끄러워, 시끄러워." "이런 집은 싫어, 싫어." "역시 여기도 우리 집이 아닌 것 같아." 아기돼지들은 재빨리 도망쳤어요.

"다른 집 아이가 되는 건 너무 어려워." 뿌와 톤과 양이 찾고 있는 집은 없었어요. "그럼 할 수 없지, 오늘 밤에는 밖에서 자자." "이불로 집을 만들자." 뿌, 톤, 양은 열심히 집을 만들었어요. "조금만 더! 조금만 더!" 드디어 뿌, 톤, 양이 원하는 집이 완성되었네요! "이 집 참 좋다!" "마당도 마음에 들고, 먹을 것도 있고." 아기돼지들은 신나게 놀았어요.

"아 이제 너무 지루해, 이제 과자가 다 떨어져서 배고파." "이 집도 별로 재미없어." 이때 점점 하늘이 어두워지기 시작했어요! "엄마가 있는 집으로 돌아가고 싶어." 참고 참던 양이 울기 시작했어요. 그때, "뿌, 톤, 양, 어디에 있니? 밥 먹자." 멀리서 아기돼지들을 부르는 소리가 났어요. "아, 엄마다!"

아기돼지들은 벌떡 일어나서, 달리고, 달리고, 달리고, 달려서 엄마가 기다리고 있는 집으로 돌아왔어요.

"엄마, 엄마, 배고파요." 뿌와 톤과 양은 엄마 품에 달려가 안겼어요. 너무나, 너무나 좋은 엄마에게 안겼어요. "우리 집이 역시 최고야."

5 줄줄이 꿴 호랑이

1) 제작

활동유형: 동화

교구제작 순서

1. 기본 배경 만들기

1) 4절지 크기의 하드보드지에 색지를 붙여 배경판을 만든다.
2) 위와 같은 방법으로 13장을 만든다.

2. 배경 내에 조작 추가하기

1) 하드보드지를 파진 땅모양으로 잘라 낸다.
2) 하드보드지 뒷면에 갈색 한지를 덧댄다.
3) 폼보드를 네모 모양으로 3개 잘라 한지를 붙여 막대기를 만든다.
4) 하드보드지와 덧댄 한지 사이에 막대기 3개를 넣었다 뺐다 할 수 있게 한다.

3. 각 장에 맞는 등장인물, 배경 만들기

1) 색지에 호랑이 모양을 그려 자른다.
2) 오린 호랑이에 황토색 한지를 붙인다.
3) 금색 색종이로 강아지 모양을 오린다.
4) 폼보드에 산 모양을 그려 자른다.
5) 폼보드 산 모양에 초록색 한지를 붙인다.
6) 배경판에 갈색 한지를 붙여 땅을 만든다.
7) 배경판에 산과 강아지를 풀로 붙인다.
8) 글루건을 이용해 강아지가 나무에 묶인 것처럼 노끈을 붙여준다.

4. 트레이 만들기

1) 폼보드를 27x45cm 크기로 자른다.
2) 한지를 감싸 붙인다.
3) 한지 마감제를 꼼꼼하게 발라준다.
4) 폼보드를 1cm 크기로 잘라 막대기를 만들어 준다.
5) 막대기도 똑같은 한지로 감싸 붙인다.
6) 막대기도 한지 마감제를 바른다.
7) 폼보드에 낱장의 크기에 따라 막대기를 붙인다.

2) 활용

활동교육계획안

생활주제: 우리나라 **연령:** 만 5세
활동유형: 동화 **활동명:** 줄줄이 꿴 호랑이
자료: 낱장동화(낱장동화 13장, 트레이)
활동목표

- '줄줄이 꿴 호랑이' 동화내용을 안다.
- '줄줄이 꿴 호랑이' 동화내용을 듣고 자신의 생각을 말할 수 있다.
- 우리나라 전래동화를 듣고 흥미를 가진다.

활동내용

1. 우리나라 음식인 참기름에 대한 수수께끼를 낸다.

– 선생님이 우리나라 음식에 대한 수수께끼를 가지고 왔어.

> 우리나라 음식이예요.
> 우리나라 명절 음식인 송편에 발라요.
> 우리나라 음식인 떡에 발라먹어요.
> 고소한 냄새가 나요.
> 미끈미끈하고 매끈매끈거려요.

– 무엇인 것 같니?
– 대부분의 친구들이 참기름이라고 말해주었어.
– 정답은 참기름이야.

2. 참기름에 관련한 재미있는 동화를 소개한다.

– 오늘 선생님이 참기름에 관련한 재미있는 동화를 가지고 왔어.
– 어떤 동화를 가지고 왔는지 보도록 하자.
– 표지를 보니 어떤 내용일 것 같니?
– 친구들이 다양한 의견을 말해주었어.

– 이 동화의 제목은 '줄줄이 꿴 호랑이'야.
– 하나 둘 셋 하면 우리 다 같이 제목을 읽어보자.
– 다 같이 제목을 읽은 후에 이 동화를 들려주도록 할게.

3. 동화를 듣는다.

– 참기름을 먹고 참기름에 빠진 강아지는 어떻게 되었을까?
– 너희들의 생각이 맞는지 다음 내용을 잘 들어보도록 하자.
– 이 다음 호랑이는 어떻게 될까?
– 꿀꺽 하면 쏘옥 줄줄이 꿰어져 버렸어요.

4. 동화의 내용을 회상한다.

– 동화를 잘 들어보았니?
– 어떤 내용이었니?
– 강아지가 참기름에 빠져 어떻게 되었지?
– 호랑이가 강아지를 잡아먹고 어떻게 되었지?

5. 참기름을 만져본 경험에 대하여 이야기를 나눈다.

– 친구들도 동화에 나온 참기름을 먹어보거나 만져본 경험이 있니?
– 선생님도 김밥을 만들 때 참기름을 만져본 경험이 있었어.

6. 동화를 읽고 느낀 점에 대해 이야기 나눈다.

– 가장 기억에 남는 장면은 무엇이니?
– ○○이는 이 장면이 왜 제일 기억에 남았니?
– 아쉬웠던 장면은 무엇이니?
– □□이는 이 장면이 왜 아쉬웠다고 생각했니?

7. 차시예고를 하며 마무리한다.

– 다음 시간에는 참기름을 이용한 요리활동을 해 볼 거야.

동화 내용 첨부

줄줄이 꿴 호랑이

게을러도 게을러도 이렇게 게으를 수 없는 아이가 있었습니다. 아랫목에서 밥 먹고 윗목에서 똥 싸고,아랫목에서 밥 먹고 윗목에서 똥 싸고.

어느 날 어머니가 화가 나서 소리를 질러요. "다른 집 애들은 땅도 파고 나무도 해오는데 너는 먹고 자고 싸기만 하냐?"고요. 게으른 아이가 대답해요. "괭이가 있어야 하지요."

날이 밝자마자 괭이를 가져다 주니 고작 마당에 나가 구덩이를 파네요. 한 길도 넘게 구덩이를 파요.

그러더니 온 동네 똥을 모아옵니다. 그 위에 흙을 덮고 참깨 한 섬을 몽땅 뿌립니다.

그랬더니 콩나물 나듯 수북하게 싹이 나네요. 모두 뽑아버리고 가장 튼튼한 싹 하나만 남겨 둡니다. 선택과 집중이죠. 그 싹은 쑥쑥 자라더니 이 참깨를 몽땅 털어 기름을 짜니 고소한 참기름이 수십 항아리입니다.

칡넝쿨을 걷어다 밧줄을 꼬아 강아지 다리에 묶습니다.

이제 강아지를 깊은 산 큰 나무에 잘 묶어 놓고 다시 집에 와서 실컷 잠을 잡니다.

고소한 냄새에 온 산의 호랑이가 다 몰려들고, 이 미끈한 강아지를 덥석 물면 목구멍 속으로 미끄러져 들어가 똥구멍으로 쏙 빠져나와 버립니다.

삼키면 나오고, 삼키면 나오고, 삼키면 나오고.

그렇게 밤새 호랑이들이 줄줄이 꿰어 잡히게 되었지요.

게으른 아이는 호랑이 가죽을 팔아서 부자가 되었답니다.

6 지각대장 존

1) 제작

활동유형: 동화

교구제작 순서

1. 배경 만들기

1) 50×35cm와 35×35cm 크기의 폼보드와 하드보드지를 자르고, 폼보드와 하드보드지를 붙인다.
2) 1)에 경첩을 달아 연결한다.
3) 50×35cm 크기의 폼보드와 하드보드지를 잘라 붙인 후 중간에 18.5×26cm 크기의 □ 모양을 파낸다.
4) 안이 파진 폼보드 뒷면에 칠판지우개가 들어갈 만큼의 공간을 둔 후 경첩을 단 배경의 50×35cm 크기의 폼보드 안쪽에 연결한다.
5) 50×35cm 크기의 폼보드 바깥쪽에 0.6×1.5cm를 □ 모양으로 잘라 붙인다.
6) 만들어진 배경을 한지로 감싼다.
7) 38.5×32cm 크기의 하드보드지 2장과 32×15cm 크기의 하드보드지 2장을 자른다.
8) 큰 하드보드지 사이에 작은 하드보드지 2장을 붙인 후, 색지로 감싼다.
9) 32×20cm 크기의 부채꼴 모양의 하드보드지를 감싼 후 색지로 감싼다.
10) 배경과 밑판을 연결한다.

2. 배경판 만들기

1) 동일한 크기의 하드보드지와 폼보드를 2장씩 자른다.
2) 하드보드지와 폼보드를 한 장씩 붙인다.
3) 한지풀을 이용해 한지로 감싼다.
4) 정 가운데에 구멍을 낸 후 두 개의 판 사이를 할핀으로 연결한다.
5) 배경과 할핀으로 연결한 밑판을 글루건을 이용해 연결한다.

3. 막대인형 만들기

1) 색펠트지를 인형 도안에 맞게 자른다.
2) 자른 펠트지를 버튼홀스티치한다(바느질 하며 중간 중간 솜을 채워 넣어준다).
3) 인형의 위 또는 옆 부분에 PVC 막대를 넣고 글루건을 이용해 고정시킨다(고릴라인형 팔 끝 부분에 자석을 넣어준다).

4. 배경 – 나무 만들기

1) 5mm 두께의 EVA를 나무 모양으로 2개 자른다.
2) 자른 EVA를 글루건으로 붙인다.
3) 색 한지를 작은 크기로 찢는다.
4) 한지 풀을 이용하여 EVA 위에 붙인다.
5) 나무 윗부분에 색 한지를 가위로 잘라 붙여 나뭇가지를 만든다.
6) 나뭇가지 위에 초록색 한지를 덧댄다.
7) 나무 뒷면에 까슬이를 붙인다.

2) 활용

활동교육계획안

생활주제: 우리 동네 **연령:** 만 4세
활동유형: 동화 **활동명:** 지각대장 존
자료: 테이블 동화(배경판, 존, 선생님, 악어, 사자, 파도천, 가방, 고릴라)

활동목표

- 지각대장 존을 듣고 자신의 생각과 느낌을 말할 수 있다.
- 바른 태도로 이야기를 듣는다.

활동내용

1. 선생님을 소개한다.

– 안녕? ○○반 친구들. 선생님들은 유치원 선생님이 되기 위해서 준비하고 있는 언니, 누나 선생님이야.
– 너희들에게 재미있는 동화를 들려주려고 이렇게 풀잎반에 찾아왔어.
– (동화의 표지를 보여주며) 어떤 그림이 보이는 것 같니?
– 그래. 검정색 옷을 입은 커다란 선생님도 보이고, 책상과 조그만 친구가 보인다.
– 그럼 선생님이 책의 제목을 읽어주도록 할게. 지각대장 존.
– 이 동화책은 존 버닝햄의 '지각대장 존'이라고 해.
– 지각이라는 말을 들어본 적이 있니?
– 지각은 정해진 시간보다 늦게 온다는 말이야.
– 선생님이 오늘 동화를 특별한 방법으로 들려줄거야.
– 지금부터 선생님이 이 배경판과 막대인형으로 재미있는 동화를 들려주도록 할게.

2. '지각대장 존' 동화를 들려준다.

존 패트릭 노먼 맥헤너시는 학교에 가려고 집을 나섰어요.
한참을 가는데 갑자기 악어가 나타났어요!
"야 내 책가방 줘! 달란 말이야!"
존은 책가방을 힘껏 당겼지만 악어는 놓아주지 않았어요.

"에잇, 이 장갑이나 물어라!"
존 패트릭 노먼 맥헤너시는 허겁지겁 학교로 달려갔어요.
"존 패트릭 노먼 맥헤너시. 지각이로군. 그리고 장갑 하나는 어디다 두고 왔지?"
"학교에 오는데 하수구에서 악어 한 마리가 나와서 제 책가방을 물었어요. 제가 장갑을 던져주니까 그제서야 놓아 주었어요. 장갑은 악어가 먹어 버렸고요. 그래서 지각했어요, 선생님."
"이 동네 하수구엔 악어 따위는 살지 않아! 넌 나중에 학교에 남아서 '악어가 나온다는 거짓말을 하지 않겠습니다. 또, 다시는 장갑을 잃어버리지 않겠습니다'를 300번 써야 한다. 알겠지!"
"다시는 거짓말을 하지 않겠습니다."
그래서 존은 학교에 남아 '악어가 나온다는 거짓말을 하지 않겠습니다. 또, 다시는 장갑을 잃어버리지 않겠습니다'를 300번 썼어요.
존 패트릭 노먼 맥헤너시는 서둘러 학교에 갔어요.
그런데 덤불에서 사자 한 마리가 나오더니 바지를 물어뜯었어요.
"이거 놔 사자야! 저기 나무로 올라가야겠다!"
존은 사자가 돌아갈 때 까지 나무 위에서 기다렸어요.
나무에서 내려온 존 패트릭 노먼 맥헤너시는 서둘러 학교로 달려갔어요.
"넌 또 지각이야, 존 패트릭 노먼 맥헤너시. 게다가 바지까지 찢었구나!"
"학교에 오는데 사자가 나타나 제 바지를 물었어요. 나무 위에 올라가 사자가 갈 때 까지 한참을 기다렸어요. 그래서 지각했어요, 선생님."
"뭐라고! 이 동네 덤불에는 사자 따위는 살지 않아. 저 구석에 돌아서서 큰 소리로 400번 외쳐라. '다시는 사자가 나온다는 거짓말을 하지 않겠습니다. 그리고 다시는 바지를 찢지 않겠습니다.' 알았냐?"
"다시는 사자가 나온다는 거짓말을 하지 않겠습니다. 그리고 다시는 바지를 찢지 않겠습니다."
존은 구석에 돌아서서 400번 외쳤어요.
존 패트릭 노먼 맥헤너시는 서둘러 학교에 갔어요.
존이 다리를 건너려는 순간!
"으악! 파도가 나를 덮칠 것 같아!"
존은 파도가 가라앉고 물이 빠질 때까지 난간에 매달려 있었어요.
"빨리 학교로 가야겠다! 이러다 또 지각하겠어."
"넌 또 지각이야, 존 패트릭 노먼 맥헤너시. 게다가 옷까지 흠뻑 젖었군!"
"학교 오는 길에 다리를 건너는데 산더미 만한 파도가 저를 덮치는 거예요. 그래서 흠뻑 젖었어요. 그리고 물이 빠질 때까지 난간에 간신히 매달려 있었어요. 그래서 지각했어요, 선생님."
"내 살다 살다 별 소리를 다 듣겠다! 이 동네 강에서 산더미 같은 파도가 사람을 덮치다니. 말도 안 되는 소리! 갇혀 봐야 정신을 차리겠군. 이 안에서 꼼짝말고 이렇게 500번 써라! '다시는 거짓말을 하지 않겠습니다.' 한 번만 더 거짓말을 하고 지각을 했다간 이 회초리로 때려 줄 테다. 알겠냐?"
"거짓말을 하지 않겠습니다. 거짓말을 하지 않겠습니다."
존은 혼자 학교에 남아 이렇게 500번 썼어요.
존 패트릭 노먼 맥헤너시는 서둘러 학교에 갔어요.
이번엔 가는 길에 아무 일도 일어나지 않았어요.
"오늘은 지각하지 않고 학교에 도착할 수 있겠다."
존은 학교에 지각하지 않고 도착했어요.
"존 패트릭 노먼 맥헤너시! 난 지금 커다란 털복숭이 고릴라한테 붙들려 천장에 매달려 있다. 빨리 날 좀 내려다오!"
"이 동네 천장에 커다란 털복숭이 고릴라 따위는 살지 않아요, 선생님."
다음날에도 존 패트릭 노먼 맥헤너시는 학교에 가려고 길을 나섰답니다.

3. 동화 내용을 회상한다.

– 선생님들이 들려준 '지각대장 존'을 잘 들어보았니?
– 동화 속 주인공 존이 학교를 가는 길에 어떤 것들을 만났었지?
– 선생님은 어떤 동물에게 끌려갔었는지 기억나는 친구가 있니?
– 동화를 들으면서 어느 부분이 가장 재미있었니?
– 마지막에 동화에서 존은 또 학교를 가려고 길을 나섰대. 그날 존은 무사히 학교에 도착할 수 있었을 것 같니?
– 그렇지 않다면 그날 존이 학교 가는 길에 무슨 일이 일어났을까?

4. 활동을 마무리한다.

– 오늘 선생님들이 들려준 동화를 잘 들어주어서 고마워.
– 선생님들도 너희들에게 재미있는 동화를 들려줄 수 있어서 정말 기뻤어.
– 선생님들은 이제 다른 친구들에게도 동화를 들려주러 가보도록 할게.

동화 내용 첨부

내 당근 봤니?

송이가 점심을 먹으러 부엌으로 갔어요.

"오늘 메뉴는 카레잖아. 카레에는 당근도 있고, 감자, 호박, 양파가 있어서 너무너무 싫어! 맛없게 생겼잖아!"

그때 카레 밥에서 당근이 튀어나와 말했어요.

"나 좀 숨겨줘. 당근 사냥꾼 토끼가 날 잡으러 와!"

"어디에 숨을래?"

"네 입속에!" 송이 입속으로 당근이 쏙.

그때, 당근을 쫓던 토끼가 다가와 물었어요.

"혹시 맛있는 당근 못 봤니? 분명 이쪽으로 지나간 것 같은데? 입 한 번 벌려봐."

송이는 입을 꼭 다물고 도리도리. 토끼는 그냥 지나갔어요.

이번엔 감자가 굴러 와서 말했어요.

"나 좀 숨겨줘, 배고픈 멧돼지가 날 잡으러 와!"

"어디에 숨을래?"

"네 입속에!" 송이 입속으로 감자가 데굴데굴.

그때, 송이를 발견한 멧돼지가 와서 물었어요.

"혹시 울퉁불퉁 감자 못 봤니? 혹시 니가 숨겨준거 아니야? 입 한 번 벌려 봐."

송이는 입을 꼭 다물고 모른 척! 멧돼지도 그냥 지나갔어요.

호박이 튀어나와 말했어요.

"나 좀 숨겨 줘. 하마 요리사가 날 잡으러 와!"

"어디에 숨을래?"

"네 입속에!" 송이 입속으로 호박이 폴짝.

그때, 지나가던 하마가 와서 물었어요.

"혹시 오동통 호박 못 봤니? 이쪽으로 지나간 것 같은데… 입 한 번 벌려 보렴."

송이는 호박을 꿀꺽 삼켰어요. 하마가 지나갔어요.

양파가 다가와서 말했어요.

"나 좀 숨겨줘. 채소 장수 기린이 날 잡으러 와!"

"어디에 숨을래?"

"네 입속에!" 송이 입속으로 양파가 쪼르르.

지나가던 기린이 와서 물었어요. "혹시 동글동글 양파 못 봤니? 오늘 시장에서 팔아야 하는데… 네가 숨겨준 건 아니지? 입 한 번 벌려 봐."

송이는 도리도리. 양파를 꿀꺽 삼켰어요. 기린은 갸우뚱거리면서 지나갔어요.

동물들이 모두 달려와서 물었어요.
"감자는?" "양파는?" "호박은?" "당근은?"
"설마 네가 먹은 거야? 너 채소 싫어하잖아."
"아니야. 나 이제 채소 좋아해! 먹어보니까 맛있어~"

송이는 카레를 맛있게 먹었답니다.

7 팥죽 할머니와 호랑이

1) 제작

활동유형: 동화

교구제작 순서

1. 표지 만들기

1) 4절 하드보드지에 딱풀을 사용하여 한지를 붙인다.

• 호랑이

1) 종이에 호랑이를 스케치한다.
2) 머메이드지를 스케치한 모양으로 자른다.
3) 색연필로 호랑이의 줄무늬를 그린다.
4) 눈, 이빨, 갈퀴, 혀 모양에 맞게 한지를 잘라 붙인다.

• 할머니

1) 종이에 할머니를 스케치한다.
2) 한지를 스케치한 모양으로 자른다.
3) 딱풀을 사용하여 붙인다.
4) 유성펜을 사용하여 얼굴을 꾸민다.

2. 장면 스케치 및 한지 붙이기

1) 4절 하드보드지에 밑그림을 그린다.
2) 스케치에 맞게 한지를 자른다.
3) 각 부분의 크기에 맞게 자른 한지를 딱풀을 사용하여 붙인다.
4) 같은 방법으로 다른 낱장들도 완성한다.

• 배경에 파스텔이 필요한 경우

1) 4절 하드보드지에 밑그림을 그린다.
2) 파스텔 배경이 될 부분 위에 칼을 사용하여 파스텔을 간다.
3) 휴지를 사용하여 부드럽게 문질러 준다.
4) 색을 섞어야 하는 경우 2)와 3)의 절차를 반복한다.
5) 오랜 보존을 위해 미술용품 정착액을 뿌린다.
6) 한지가 필요한 부분은 크기에 맞게 한지를 자른다.

7) 딱풀을 사용하여 크기에 맞게 자른 한지를 붙인다.

3. 등장인물 만들기

• 할머니

1) 종이에 등장인물을 스케치한다.
2) 스케치한 등장인물의 크기에 맞게 EVA를 자른다.
3) 풀을 사용하여 한지로 크기에 맞게 자른 EVA를 감싼다.
4) 글루건을 사용하여 한복 치마의 주름을 표현한다.
5) 색연필과 유성펜으로 얼굴을 그린다.

• 호랑이

1)~3) 위의 방법과 동일하게 제작한다.
4) 머메이드지를 크기에 맞게 자른 후 붙인다.
5) 모루와 글루건을 사용하여 호랑이의 무늬를 표현한다.
6) 색연필과 유성펜으로 얼굴을 그린다.

• 등장인물

1)~3) 위의 방법과 동일하게 제작한다.
4) 색연필과 유성펜으로 얼굴을 그린다.

4. 조작에 필요한 부분 만들기

• 등장인물

1) 3×3cm의 EVA를 동그라미 모양으로 자른다.
2) 중앙에 아크릴 봉을 넣을 수 있게 0.5cm 정도 칼로 자른다.
3) 완성한 등장인물 뒷면에 자른 EVA를 붙인다.
4) 아크릴 봉에 순간접착제를 살짝 묻혀 EVA에 붙인다.

5) 순간접착제가 마르면 글루건으로 고정한다.

• 배경

1) 등장인물의 동선을 뒷면에 표시한다.
2) 조작에 사용할 아크릴 봉 크기에 맞게 칼집을 낸다.
3) 뒷면 전체에 검은색 한지를 붙인다.
4) 칼집을 낸 부분은 잘라낸다.

2) 활용

활동교육계획안

생활주제: 우리나라 **연령:** 만 4세

활동유형: 동화 **활동명:** 팥죽 할머니와 호랑이

자료: 팥죽 할머니와 호랑이 낱장동화, 검은 천

활동목표

- 작은 힘들이 모여 큰 힘이 된다는 것을 안다.
- 동화에 대한 자신의 느낌, 생각, 경험을 말할 수 있다.
- 동화를 들으며 우리말의 재미를 느낀다.

활동내용

1. 지난 이야기 나누기 시간을 회상한다.

– 얘들아, 우리 지난 시간에 어떤 것에 대해 알아보았니?
– 그래, 우리나라의 옛 생활도구에 대해 알아보았어.
– 우리나라의 옛 생활도구에는 어떤 것들이 있었니?
– 가마솥도 있고, 지게도 있고, 절구도 있었어.

2. 오늘 활동에 대해 안내한다.

– 오늘은 우리나라의 옛 생활도구들이 나오는 전래동화를 하나 들어보도록 할 거야.
– 글씨를 읽을 수 있는 친구들은 선생님과 함께 제목을 같이 읽어보도록 하자.
– (제목을 손으로 짚어주며) 팥죽 할머니와 호랑이.
– 동화의 표지에 어떤 것들이 보이니?
– 어떤 내용의 동화일 것 같니?
– 팥죽을 먹어 본 친구가 있니?
– 팥죽 할머니와 호랑이를 귀를 쫑긋 열고 잘 들어보도록 하자.

3. 동화 '팥죽 할머니와 호랑이'를 듣는다.

4. 동화 '팥죽 할머니와 호랑이'를 듣고 난 후, 내용에 대해 이야기 나눈다.

– 이야기 속에서 가장 기억에 남는 장면은 무엇이니?

– ○○이는 (호랑이가 한강에 빠진) 장면이 재미있었구나. 선생님이 그 장면을 다시 한 번 보여주도록 할게.
– □□이는 왜 이 장면이 가장 기억에 남니?
– 호랑이가 진짜 물에 빠지는 것 같아 재미있었구나.
– 할머니가 팥밭을 가꾸고 있을 때 무슨 일이 일어났니?
– 할머니가 맛있는 팥죽을 줄 테니 살려달라고 했는데, 너희들이라면 어떻게 했을 것 같니?
– 할머니를 도와주러 온 친구들은 누가 있었지?
– 도와주러 온 친구들이 할머니에게 어떤 말을 하였니?

5. 다른 친구를 돕거나 도움을 받은 경험에 대하여 이야기 나눈다.

– 너희들도 다른 친구를 도와준 경험이 있니?
– 도와줬을 때 어떤 기분이었니?
– 다른 친구들에게 도움을 받은 경험이 있니?
– 도움을 받았을 때 어떤 기분이었니?
– 혼자 하기 어려운 일이 있을 때 다른 친구들과 함께했던 경험이 있니?
– 혼자 했을 때와 어떤 점이 달랐니?

6. 오늘 한 활동에 대해 평가한다.

– 오늘 선생님과 어떤 동화를 들어보았니?
– 호랑이가 할머니를 잡아먹으러 왔을 때 누가 도움을 주었니?
– 너희들도 혼자하기 힘든 일을 함께 해낸 적이 있니?
– 동화를 들으면서 재미있었던 말은 무엇이었니?
– 여러 친구들이 할머니를 도왔을 때 할머니는 어떤 기분이었을까?

7. 다음 활동에 대한 안내를 한다.

– 오늘 선생님과 함께 '팥죽 할머니와 호랑이'를 듣고 이야기를 나누어보았어.
– 너희들도 도움이 필요한 친구를 도와줄 수 있겠니?
– 다음 시간에는 어떤 것들에 대해 이야기 나누어보고 싶니?
– 다음 시간에는 너희들이 다른 친구를 돕거나 도움을 받은 일에 대해 이야기 해 보도록 하자.
– 다음 시간은 무슨 시간이지?
– 송곳처럼 콩콩콩콩 손을 깨끗이 씻으러 가보도록 하자.

동화 내용 첨부

팥죽 할머니와 호랑이

옛날 옛날 깊은 산속에 꼬부랑 할머니가 살았어요. 어느 여름날, 할머니는 팥밭을 맸어요. 팥밭 한 고랑을 매고는 "애고, 힘들어." 팥밭 두 고랑을 매고는 "애고, 애고, 힘들어." 팥밭 세 고랑을 매고는 "애고, 애고, 애고, 힘들어."

그때 갑자기 커다란 호랑이가 나타났어요. "어흥!" "어이쿠! 사람 살려!" "어흥! 배가 고프니 할멈을 잡아먹어야겠다!" "호랑아, 제발 살려다오. 흑흑흑." "할멈, 살고 싶으면 나랑 잡초 뽑기 내기하자. 할멈이 이기면 내가 이 밭을 다 매 주고, 내가 이기면 할멈을 잡아먹고. 흐흐흐." 할머니는 할 수 없이 호랑이와 잡초 뽑기 내기를 했어요.

할머니가 풀 한 포기를 뽑는 동안, 호랑이는 팥밭 한 고랑을 뚝딱. 할머니가 풀 두포기를 뽑는 동안, 호랑이는 팥밭 두 고랑을 뚝딱. 할머니가 풀 세 포기를 뽑는 동안, 호랑이는 팥밭 세 고랑을 뚝딱. 호랑이가 내기에서 이기고 말았어요. "어흥! 이제 잡아먹어야겠다."

"호랑아, 호랑아, 이렇게 팥을 많이 심었는데 내가 없으면 누가 이 팥을 가꾸겠냐? 이 팥을 잘 가꾸어서 가을이 되면 맛있는 팥죽을 쑤어 주마. 그때 가서 날 잡아먹으렴." "맛있는 팥죽을 해 준다고? 좋아, 그럼 그때 가서 잡아먹지." 호랑이는 산속으로 사라졌어요.

가을이 왔어요. 할머니는 가마솥 가득 팥죽을 쑤었어요. "아참! 팥죽을 쑤어놓으면 호랑이가 올텐데. 엉엉. 이제 나는 호랑이에게 잡아 먹히게 생겼지 뭐야. 엉엉." 그때 알밤이 대굴대굴 굴러왔어요."할머니, 할머니, 왜 울어요?" "오늘 저녁에 호랑이가 날 잡아먹으러 온다고 해서 운다." "팥죽 한 그릇 주면 못 잡아먹게 하~지." 할머니는 알밤에게 팥죽을 한 그릇 주었어요. 알밤은 팥죽을 먹고 나서 아궁이 속에 숨었어요. 할머니가 또 엉엉 우는데, 자라가 찰박찰박, 개똥이 철떡철떡, 송곳이 콩콩콩콩 다가왔어요. "할머니, 할머니, 왜 울어요?" "오늘 저녁에 호랑이가 날 잡아먹으러 온다고 해서 운다." "팥죽 한 그릇 주면 못 잡아먹게 하~지." 할머니는 팥죽을 듬뿍 주었어요. 모두 팥죽을 맛있게 먹은 뒤, 할머니를 돕기 위해 각자 자리로 돌아갔어요.

"아이고, 이제 나는 어쩌나…" 그때 절구가 쿵덕쿵덕, 멍석이 털썩털썩, 지게가 어정어정 다가왔어요. "할머니, 할머니, 왜 울어요?" "오늘 저녁에 호랑이가 날 잡아먹으러 온다고 해서 운다." "팥죽 한 그릇 주면 못 잡아먹게 하~지." 할머니는 팥죽을 듬뿍 주었어요. 모두 팥죽을 맛있게 먹은 뒤, 할머니를 돕기 위해 각자 자리로 돌아갔어요.

밤이 되었어요. "곧 호랑이가 오겠네. 나는 꼼짝없이 잡아먹히고 말거야. 엉엉." 그때 진짜로 호랑이가 할머니를 잡아먹으러 어슬렁어슬렁 나타났어요. "할멈, 할멈, 왜 이렇게 방안이 캄캄한거야? 어두우니까 불을 켜야지?" "부엌 아궁이에 불씨가 있으니 가져오너라."

호랑이가 불씨를 찾기 위해 부엌에 들어왔어요. 그런데 갑자기 문 위에서 절구가 호랑이 머리로 쿵 떨어졌어요. "으악!" 깜짝 놀란 호랑이는 개똥을 밟고는 쭈르르 미끄러졌어요. "에그그그." 그러자 바닥에 꼿꼿이 서 있던 송곳이 호랑이 엉덩이를 푹 찔렀어요. "꽥!" "이게 다 뭐야! 빨리 불씨를 찾고 이곳을 벗어나야겠어! 불씨가 여기 있나~" 그때 알밤이 톡 튀어나와 호랑이 눈알을 딱 때렸어요. "앗, 따가워! 눈에 재가 들어갔나봐! 빨리 씻어야겠어." 그러자 물독에 있던 자라가, 호랑이 손을 콱 깨물었어요. "으악!" 호랑이는 너무 아파서 뒤로 펄쩍 뛰었어요. "어서 도망가야겠어!" 호랑이는 빠르게 도망가다가 앞마당에 펼쳐진 멍석 위에 털썩 쓰러졌어요.

멍석은 쓰러진 호랑이를 뚜르르 말아 꼼짝 못하게 했어요. "자, 이제 나는 한강으로 간다." 지게는 멍석과 호랑이를 한강에다 풍덩 빠뜨렸어요. "아이고, 이제 나는 살았다. 모두 너희들 덕분이야!" 할머니는 그 후로도 맛있는 팥죽을 나눠주며 행복하게 살았답니다.

8 야, 우리 기차에서 내려!

1) 제작

활동유형: 동화

교구제작 순서

1. 배경판 만들기

1) 폼보드를 4절 사이즈로 2개 자른다.
2) 자른 폼보드에 한지를 두 번씩 감싼다.
3) 한지에 유광마감재를 두 번 칠한다.
4) 배경판이 될 폼보드 뒷면 각 모서리에 자석을 강력접착제를 이용해서 붙인다.

2. 배경 그리기

1) 하드보드지 4장을 준비한다.
2) 하드보드지에 각각 동화 표지, 기차 안 배경, 야외 배경, 집 안 배경의 밑그림을 그린다.
3) 밑그림을 그린 배경 위에 파스텔과 색연필을 이용해 색칠한다.
4) 야외 배경 뒤 각 모서리에 자석을 강력 접착제로 붙인다.

3. 배경 소품 만들기

1) PVC 0.3cm를 3장 준비한다.
2) 다양한 색의 색지를 준비한다.
3) 색지에 눈사람, 눈, 빗방울, 우산, 연을 밑그림 그린 후 자른다.
4) 노끈을 이용해 연의 실을 만든다.
5) 만든 배경 소품들을 PVC 위에 붙인다.
6) PVC를 배경소품 모양대로 자르고 아크릴 막대를 PVC 가운데에 강력접착제로 붙인다.

4. 막대인형 만들기

1) EVA 5t를 잘라 막대인형 도안을 2개씩 만든다.
2) 하나의 EVA 중심 쪽에 막대가 들어갈 자리를 0.5cm 넓이로 자른다.
3) 아크릴 막대를 일정한 크기로 자른다.
4) 강력접착제를 이용해 EVA 중심 쪽에 아크릴 막대를 붙인다.
5) 2개의 EVA를 강력접착제로 붙여 하나가 되게 만든다.
6) 스케치북을 막대인형 도안대로 2개씩 자른다.
7) EVA 옆면을 화선지로 감싼다.
8) 자른 막대인형 도안 위에 물감을 칠한다.
9) 인형 도안과 같은 색의 물감으로 칠한다.
10) 유광마감재를 칠해 막대인형을 완성한다.

2) 활용

활동교육계획안

생활주제: 동식물과 자연 **연령:** 만 4세
활동유형: 동화 **활동명:** 야, 우리 기차에서 내려!
자료: 배경(2~3개), 막대인형(총 9개), 배경판, 흰 장갑

활동목표

- 동물이 살고 있는 환경을 보호하는 방법을 안다.
- 동화를 듣고 자신의 느낌, 생각, 경험에 대해 이야기할 수 있다.
- 바른 태도로 동화를 듣는다.

활동내용

1. 동화와 선생님 이름을 소개한다.

– 얘들아 안녕? 우리는 ○○반 선생님처럼 멋진 유치원선생님이 되려고 공부 중인 언니, 누나선생님이야.
– 우리가 열심히 공부를 하다가 ○○반 친구들에게 들려주고 싶은 재미있는 동화가 있어서 이렇게 오게 되었어.

2. 동화의 표지를 보며 동화의 내용을 추측해본다.

– 우리, 글자를 읽을 수 있는 친구들은 동화의 제목을 선생님과 함께 한 글자씩 읽어볼까?
– 선생님들이 너희에게 들려줄 동화의 제목은 '야, 우리 기차에서 내려!'라고 해.
– 얘들아, 그럼 우리 그림을 한 번 보자. 그림 속에는 어떤 것들이 보이니?
– 그래, 너희들이 말해준 것처럼 기차도 보이고, 강아지도 보이는구나.
– 그럼 이 동화는 어떤 내용일 것 같아?
– ◇◇이는 ~내용일 것 같다고 생각했구나.
– 그런데 이 동화에는 너희들이 표지에서 보았던 강아지 말고도 다른 동물친구들이 많이 나온대.
– 우리 어떤 동물친구들이 나오는지, 또 동물친구들이 어떤 이야기를 하는지 지금부터 선생님이 들려주는 동화를 잘 들어보도록 하자.

3. '야, 우리 기차에서 내려!' 동화를 듣는다.

- 얘들아, 혹시 너희들 중에 '잠옷집'이 무엇인지 아는 친구가 있니?
- 잠옷집이 무엇인지 아는 친구도 있고, 알지 못하는 친구도 있구나. 선생님이 잠옷집이 무엇인지 이야기 해주도록 할게.
- 잠옷집이란 잠옷을 넣는 주머니를 이야기한단다.
- 우리 ○○반 친구들은 지금처럼 조용하고 바른 자세로 동화를 계속 들어보도록 하자.
- 이번에는 어떤 동물이 나올까?
- 많은 친구들이 다양한 동물들이 나올 것 같다고 생각하는구나.
- 다음에 나올 동물은 바닷가에 사는 동물이래. 우리 동화를 계속 들어볼까?

4. 활동을 마무리한다.

- 동화를 잘 들어보았니?
- 동화를 들으면서 가장 재미있었던 부분은 어떤 것이었는지 이야기해 줄 친구가 있니?
- 왜 ~부분이 재미있었니?
- 얘들아, 동화에서 사람들이 숲에 있는 나무를 많이 배어가서 더 이상 살 수 없다고 했던 동물이 어떤 동물이었는지 기억나는 친구가 있니? 그래, 너희들이 잘 이야기해준 것처럼 호랑이였어.
- 그럼 물개는 왜 더 이상 살 수 없다고 했었는지 기억나는 친구가 있니?
- 그렇다면 물개가 자신이 사는 바다에서 계속 살 수 있으려면 우리가 할 수 있는 일에는 무엇이 있을까?
- 그래, 쓰레기를 많이 만들지 않는 방법도 있고, 물개들이 배부르게 물고기를 먹을 수 있게 우리가 물고기를 많이 잡지 않는 것도 좋은 방법인 것 같아.
- 그럼 너희들은 동화에 나온 동물들 말고 기차에 어떤 동물들을 태우고 싶니?
- ○○반 친구들 오늘 언니, 누나 선생님들이 들려준 동화가 재미있었니?
- 언니, 누나 선생님들도 우리 친구들이 동화를 재미있게 잘 들어주어서 정말 기뻐! 이제 선생님들은 다른 친구들한테도 동화를 들려주러 가봐야 해. 친구들 정말 고마워.

동화 내용 첨부

야, 우리 기차에서 내려!

"피터야, 아직도 기차 놀이 하니? 빨리 자야지. 내일 아침 일찍 유치원에 가야 되잖아. 자, 여기 강아지 잠옷집이 있다. 거실 방석 밑에 구겨져 있더구나. 이제 조용히 잘 자렴."

피터는 스르르 잠이 들더니 꿈나라로 여행을 갔어요.

"자, 이제 기차 떠납니다. 자리에 앉으세요."

"시간 있으면 소풍가면 좋겠다."

"저 앞에 안개가 자욱이 끼었네. 유령 놀이하면 재미있겠다(으어어어)."

그때, 저 멀리서 코끼리가 쿵쾅쿵쾅 걸어왔어요.

"야, 우리 기차에서 내려!"

"제발 나도 기차에 태워줘. 사람들이 내 상아를 잘라가려고 해, 자꾸 이러다간 우리 코끼리들은 살아남지 못할 거야."

"그래, 그럼 우리 옆에 와서 앉아."

"아으, 오늘 날씨 너무 더워. 어디 헤엄칠 곳이 없을까?"

"얘들아, 내가 더울 때마다 수영하는 곳이 있어. 우리 함께 수영하러 가지 않을래?"

"좋아, 시원하겠다. 얼른 가자."

그때, 저 멀리서 물개가 콩콩 걸어왔어요.

"야, 우리 기차에서 내려!"

"제발, 나도 기차에 태워줘. 바닷가에 더 있다간 먹을 게 없어서 굶어 죽고 말거야. 사람들이 물을 더럽히고, 물고기를 너무 많이 잡아가거든, 자꾸 이러다간 우리 물개들은 살아남지 못할 거야.

"그래, 그럼 우리 옆에 와서 앉아."

"바람이 많이 부네, 우리 연날리기 시합할까?"

"좋아, 내가 일등할 거야. 간다."

그때, 저 멀리서 두루미가 훨훨 날아왔어요.

"야, 우리 기차에서 내려!"

"제발, 나도 기차에 태워줘, 난 늪에 사는데 사람들이 물을 다 퍼버렸어. 난 마른 땅에서는 살 수가 없어. 자꾸 이러다간 우리 두루미들은 살아남지 못할 거야."

"그래, 그럼 우리 옆에 와서 앉아."

"곧 비가 올 것 같아. 그럼 우리 우산 쓰고 여기저기 돌아다니자."

그때, 저 멀리서 호랑이가 달려왔어요.

"야, 우리 기차에서 내려!"

"제발, 나도 기차에 태워줘. 사람들이 숲에 있는 나무를 마구 베어가고 있어. 자꾸 이러다간 우리 호랑이들은 살아남지 못할 거야."

"그래, 그럼 우리 옆에 와서 앉아."

"저기 눈이 많이 쌓였다. 우리 다 같이 눈싸움 할까?"

"그래, 좋아. 빨리 가자."

그때 저 멀리서 북극곰이 빼꼼 친구들을 쳐다보며 걸어왔어요.

"야, 우리 기차에서 내려!"

"제발, 나도 기차에 태워줘. 난 북극에 사는데 사람들이 나를 잡아다가 털옷을 만들려고 해. 자꾸 이러다간 우리 곰들은 살아남지 못할 거야."

"그래, 그럼 우리 옆에 와서 앉아."

"눈이 계속 내리네. 이렇게 눈이 계속 내리면 우리 기차는 꼼짝도 못할 거야."

"더 놀고 싶지만 이젠 돌아가야 해. 내일 아침 일찍 유치원에 가야 되거든."

"그래, 아쉽지만 우리 다음에 꼭 만나자."

"안녕~~"

아침이 되어 피터는 꿈에서 깨었어요.

"빨리 일어나 피터, 이러다 유치원에 늦겠어. 그런데 우리 집에는 웬 동물들이 이렇게나 많은 거니?

현관에는 코끼리가,

목욕탕에는 물개가,

세탁실에는 두루미가,

계단에는 호랑이가,

그리고 냉장고 옆에는 북극곰이 있더구나.

도대체 어떻게 된 일이니?"

"쉿, 비밀이에요!"

9 일곱 마리 눈먼 생쥐 그림자 동화

1) 제작

활동유형: 동화

교구제작 순서

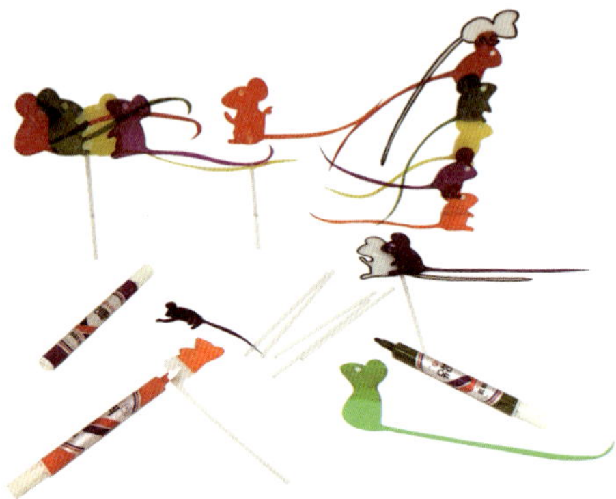

1. 생쥐 탑 만들기

1) 빨강, 노랑, 녹색, 파랑, 주황 PVC를 생쥐 모양으로 자른 후 매직으로 덧칠한다.
2) 투명 PVC를 자르고 보라색 매직으로 칠해 보라색 생쥐를 만든다.
3) 투명 PVC를 자르고 검정 매직으로 테두리를 그려 흰색 생쥐를 만든다.
4) 생쥐 모양을 장면에 맞게 탑을 쌓아 순간접착제로 고정한다(생쥐 짝꿍, 막대 생쥐 7마리, 싸우는 생쥐 모형, 작은 생쥐 7개 또한 같은 방법으로 제작한다).

2. 사물 만들기

1) 밧줄 모형은 파랑 PVC를 잘라 양면테이프로 겹친다. 파랑 PVC를 얇은 곡선 모양으로 여러 개 잘라 밧줄의 밑 부분을 만든다.
2) 부채 모형은 주황색 PVC를 부채살 모양으로 자른다. 노란색 PVC를 부채 손잡이 모양으로 자른다. 두 가지 PVC를 양면테이프로 합친다.
3) 기둥 모형은 빨간색 PVC를 기둥 모양으로 자른다. 자른 기둥에 노란색, 주황색 셀로판지를 붙인다.
4) 절벽 모형은 빨간색 셀로판지와 파란색 셀로판지를 절벽 모양으로 자른 뒤, 각각 코팅한다. 여기에 칼집을 내어 절벽의 울퉁불퉁함을 표현한다. 그 뒷면에 한지를 덧댄 후, 투명 PVC를 덧댄다.
5) 뱀 모형은 초록색 PVC를 뱀 모양으로 자른다. 초록색 셀로판지를 가늘고 길게 잘라 자른 뱀 모양에 붙여 뱀의 무늬를 표현한다. 빨간색 PVC를 잘라 붙여서

혓바닥을 만든다.

6) 창 모형은 노란색 PVC를 창 모양으로 2개 잘라서 양면테이프로 합친다.

3. 코끼리 모형 만들기

1) 한지를 코끼리 코, 상아, 다리, 꼬리, 머리 모양으로 자른 뒤, 각각의 뒷면에 양면테이프를 사용하여 투명 PVC를 덧댄다.

4. 그림자 동화 틀 만들기

1) 하드보드지 2개, 폼보드 1개를 가로 80×50cm로 자른다. 자른 하드보드지와 폼보드 윗부분에 50× 30cm 구멍을 뚫고 양면테이프를 사용하여 합친다.
2) 하드보드지 2개, 폼보드 1개를 가로 40×50cm로 잘라서 양면테이프를 사용하여 합친다.
3) 1)과 2)에서 만든 것을 검정색 한지로 붙이고, 한지풀이 마르면 한지를 한 번 더 붙인다.
4) 트레이싱지를 55×35cm 크기로 잘라서 안쪽 부분에 마스킹테이프를 붙인다.
5) 1)과 2) 그리고 3)을 연결하는 경첩을 단다.

2) 활용

활동교육계획안

생활주제: 동식물과 자연 **연령:** 만 3세
활동유형: 동화 **활동명:** 일곱 마리 눈 먼 생쥐 그림자 동화

활동목표

- 코끼리의 부분과 전체 관계를 안다.
- 동화 속 동물을 예측할 수 있다.
- 바른 자세로 동화를 듣는 태도를 가진다.

활동내용

1. 동화책에 관련된(부분만 보고 착각한 경험) 선생님의 이야기를 들려준다.

- 얘들아, 선생님에게 주말에 있었던 아주 재밌는 이야기를 들어주지 않을래?
- 선생님이 선생님의 엄마와 주말에 쇼핑을 하러갔어.
- 엄마의 신발을 사기 위해서 신발가게에 들어갔어.
- 엄마가 신발을 고르고, 고른 신발을 신으러 들어갔어.
- 새로 고른 신발을 신은 사람이 나왔는데 신발만 보고 엄마인 줄 알고 "엄마 신발 진짜 예쁘다~"라고 얘기했어.
- 그런데 엄마가 아니라 똑같은 신발을 신은 다른 사람이지 뭐야?
- 선생님이 발만 보고 선생님의 엄마로 착각한 거였어.
- 너희들도 선생님처럼 한 부분만 보고 다른 것으로 착각한 적이 있는 친구가 있니?
- 오늘 선생님과, 우리 ○○반 친구들처럼 비슷한 일을 겪은 동물 친구가 나오는 동화를 들려줄거야.

2. '일곱 마리 눈 먼 생쥐' 동화를 구연한다.

3. '일곱 마리 눈 먼 생쥐' 동화의 내용에 대해 이야기 나눈다.

- 일곱 마리의 생쥐들에게 어떤 일이 일어났지?
- 생쥐들은 무엇을 보고 어떻게 착각하였지?
- 정말 우리가 처음에 이야기 나누었던 것처럼 생쥐들도 우리와 비슷한 일을

겪었구나.

4. 동화를 들은 소감에 대해 이야기 나눈다.

– 선생님이 들려준 '일곱 마리 눈 먼 생쥐' 동화를 잘 들어보았니?
– 동화 속에서 기억에 남거나 재미있었던 부분이 있니?
– 선생님이 오늘 들려준 그림자 동화자료들을 언어 영역에 두도록 할게.
– 직접 동화를 구연해 보고 싶은 친구들은 언어 영역에 가서 해보도록 하자.
– 그리고 미술 영역에 너희들이 코끼리의 다리를 다른 것으로 만들어 볼 수 있도록 재료를 준비해 둘게.
– 코끼리 코, 다리, 상아, 얼굴, 귀를 다른 것으로 만들어보고 싶은 친구들은 미술 영역에 가서 만들어 보도록 하자.
– 생쥐들의 색깔처럼 빨간색 옷을 입은 친구들 먼저 화장실에 손을 씻으러 가 보도록 하자.

동화 내용 첨부

일곱 마리 눈 먼 생쥐

#01

얘들아 생쥐들이 어디에서 나타나는지 다 같이 생쥐친구들을 불러볼까?
생쥐야~나와라~
(생쥐 울음소리 음원)
"안녕, 나는 첫 번째 생쥐야."
"안녕, 나는 두 번째 생쥐야."
"안녕, 나는 세 번째 생쥐야."
"안녕, 나는 네 번째 생쥐야."
"안녕, 나는 다섯 번째 생쥐야."
"안녕, 나는 여섯 번째 생쥐야."
어! 아직 한 마리의 생쥐가 나오지 않았어.
다 같이 마지막 일곱 번째 생쥐를 불러보도록 할까?
"아이쿠! 친구들이 힘찬 목소리로 날 불러주었네? 안녕! 나는 일곱 번째 생쥐야."
○○반 친구들에게 어제 우리에게 있었던 아주 재밌는 이야기를 들려주도록 할게.
다들 생쥐처럼 귀를 쫑~긋 세우고 우리의 이야기를 잘 들어줘.

#02

어제 우리는 연못가에서 숨바꼭질을 했어.
"우리 어디 있게~ 우리의 길고 가느다란 꼬리를 찾아봐~"
"에잇, 뭐야. 벌써 들켜버렸잖아!"
그런데 얘들아 내가 숨어있는 동안 아주 이상한 것을 발견했어.
"너희는 그 물건이 무엇인지 아니?"
"어! 그게 뭔데? 난 잘 모르겠어."
"궁금하다 지금 찾으러 가볼까?"
"나도 궁금해!"
"나도 나도!"
"지금 가자 지금!"
"아니야, 너무 늦게 들어가면 엄마가 걱정하실 거야. 오늘은 집에 들어가고 내일 다시 만나~"

#03
월요일이 되었어.
어떤 색 생쥐가 용감하게 가장 먼저 가볼까?
"앗, 나는 너무 무서워."
"앗~ 나도 나도 너무 무서워."
"그럼 내가 제일 먼저 가볼게. 나는 용감한 빨간 생쥐니까."
월요일에 첫 번째로 빨간색 생쥐가 알아보러 갔어.

"어랏! 이게 뭐지? 어디 한 번 올라가 볼까?"
"이영차-! 이영차-!"
"이건 아주 튼튼하고 거칠거칠하고 아주 높은 것 같아."
"흠... 알겠다! 얼른 가서 친구들에게 이야기해 줘야지."

#04
"얘들아 그건 바로 기둥이었어!"
"어? 기둥이라고?"
"아니야, 말도 안돼!"
"내일은 내가 가서 확인해볼게."
우리는 아무도 빨간 생쥐의 말을 믿지 않았어.

#05
화요일이 되었어.
어제 말한 것처럼 오늘은 초록색 생쥐가 두 번째로 이상한 것을 알아보러 떠났어.
"어랏? 이게 뭐지? 어디 한 번 올라가볼까?"
"으악, 이리저리 부드럽게 움직이잖아!"
"흠... 알겠다! 얼른 가서 친구들에게 이야기해 줘야지."

#06
"얘들아, 그건 바로 혓바닥을 날름날름거리고 우리를 잡아먹을지도 모르는 아주 아주 무서운 뱀이야!"
"뭐라고, 뱀이라고? 난 믿을 수 없어!"
"내일은 내가 가볼게."

#07
수요일이 되었어.
노란 생쥐가 세 번째로 이상한 것을 알아보러 떠났어.
“어랏 이게 뭐지? 어디 한 번 올라가볼까?”
“영차! 으아앙아아아악!”
“아주 길고 뾰족하잖아!?”
“엇, 그리고 아주 아주 차가운 느낌이 들어.”
“흠… 알겠다! 얼른 가서 친구들에게 이야기해 줘야지.”

#08
“얘들아, 그건 바로 아주 아주 날카롭고 길게 쭉 뻗은 창이었어! 이건 확실해!”
“말도 안돼! 그건 창이 아니었어!”
“너희들 말 모두 못 믿겠어. 내일은 내가 가볼게.”

#09
목요일이 되었어.
네 번째로 보라색 생쥐가 이상한 것을 알아보러 떠났어.
“어랏, 이게 뭐지? 어디 한 번 올라가볼까?”
“엄청 울퉁불퉁한걸~? 그리고 아주 높아서 떨어지면 큰일 날 것 같아.”
“흠… 알겠다! 얼른 가서 친구들에게 이야기해 줘야지.”

#10
“얘들아! 내가 그 위에 올라가봤는데 그건 바로 굉장히 높은 절벽이었어!”
“아니야, 그건 이리저리 움직였다고! 못 믿겠어!”
“나도!”
“그럼 내일은 내가 가볼게.”

#11
금요일이 되었어.
다섯 번째로 주황색 생쥐가 이상한 것을 알아보러 떠났어.
“어랏 이게 뭐지? 어디 한 번 올라가볼까?”
“으아악! 날라간다!”
“살랑살랑~ 바람이 불잖아?”

"흠... 알겠다! 얼른 가서 친구들에게 이야기해 줘야지."

#12
"얘들아! 내가 그 위에 올라가 보려고 했는데 바람이 불어서 올라가지 못했어. 그건 바로 부채야!"
"부채라고? 에잇~ 바람 따위 불지 않았어."
"나는 그 위에 올라갈 수 있었는걸?"
"너희 말 못 믿겠어! 내일은 내가 가볼게."

#13
토요일이 되었어.
이번에는 여섯 번째로 파란 생쥐가 이상한 것을 알아보러 떠났어.
"어랏? 이게 뭐지? 어디 한 번 올라가볼까?"
"어머! 이건 베베 꼬여서 왔다 갔다 움직이네?!"
"흠... 알겠다! 얼른 가서 친구들에게 이야기해 줘야지."

#14
"얘들아! 내가 그 위에 올라가 보았는데 그건 밧줄이었어!"

#15
그런데 우리들은 모두 파란색 생쥐의 말을 믿지 않았어.
다들 자신의 말이 맞다고 싸우기 시작했지.
"뱀이야!"
"밧줄이야!"
"부채라니까."
"낭떠러지였어!"
"얘들아 그만해! 마지막으로 내가 한 번 가볼게."

#16
일요일이 되었어.
나는 그 이상한 물건을 다가가 얼른 위로 올라가 보았어.
그리고 반대쪽으로 쭈~욱 미끄러져 내려와 보았지.
또 꼭대기를 따라서 끝에서 끝까지 후다닥! 달려가 보았어.

#17
"아하! 이제 알겠다!"
나는 드디어 깨달았어.
이건 기둥처럼 튼튼하고
뱀처럼 부드럽게 움직이고,
낭떠러지처럼 높다랗고,
창처럼 뾰족하고,
부채처럼 살랑거리고,
밧줄처럼 배배 꼬였어.
하지만 이걸 모두 합치면...
○○반 친구들은 무엇일 것 같니?!

#18
(코끼리 울음소리 음원)
바로바로! 코끼리야!
"얘들아! 너희도 어서 올라와봐! 다 같이 미끄러져 내려가 보자!"
"꺄! 재밌다~!"
"이번에는 이 끝에서 저 끝까지 달려가 보는 거야. 어때 얘들아, 내말이 맞지?!"
"그래 네 말이 맞아!"
내가 보았던 기둥과,
내가 보았던 뱀,
내가 보았던 창,
내가 보았던 낭떠러지,
내가 보았던 부채,
내가 보았던 밧줄이 합치면
그래! 바로 코끼리였어!

10 색깔을 훔치는 마녀

1) 제작

활동유형: 동화

교구제작 순서

1. 그림자 동화 장면 만들기

1) 검정색 하드보드지를 44.5×2cm 크기로 4개, 30 ×2cm 크기로 4개를 자른다.
2) OHP필름의 위쪽과 아래쪽에 44.5×2cm로 자른 검정색 하드보드지를 양면테이프를 사용하여 붙인다.
3) OHP필름의 왼쪽과 오른쪽에 30×2cm로 자른 검정색 하드보드지를 양면테이프를 사용하여 붙인다.
4) OHP필름을 뒤집어서 뒷면에 같은 사이즈끼리 2개씩 겹쳐 붙여서, OHP필름을 끼운 액자 형식의 틀을 만든다.
5) 검정색 마스킹테이프를 여러 번 감아 틀을 마무리한다.
6) 배경을 검정색 색지에 스케치하여 스텐실의 방법으로 칼집을 내어 오린다.

2. 색 변환 장치 만들기

1) 색 변환이 필요한 색과 장면을 선정하여 필요한 만큼 투명 PVC를 자른다.
2) 투명 경첩 2개를 순간접착제를 사용하여 투명 PVC에 붙이고, 장면 테두리에 붙인다.
3) OHP필름에 붙어있는 칼집 낸 검정색 색지의 크기와 모양에 맞게, 필요한 색깔의 PVC를 자르고, 필요한 부분의 투명 PVC에 붙인다.
4) 색깔을 훔쳐서 색깔이 섞인 부분은 OHP필름에 필요한 색깔의 유성 매직을 칠하는 것으로 표현한다.

3. 날아가는 마녀 막대인형 만들기

1) 날아가는 마녀의 모습을 검정색 색지에 스케치하여 스텐실의 방법으로 칼집을 내어 오린다.

2) 투명 PVC에 칼집 낸 검정색 색지를 양면테이프를 사용하여 붙인다.
3) 조작할 때 그림자가 보이지 않도록 날아가는 마녀를 붙인 투명 PVC를 마녀보다 더 길게 자른다.
4) 다른 투명 PVC를 준비하여 유성 매직으로 마녀의 색 변환이 필요한 부분을 색칠한다.
5) 날아가는 마녀의 크기에 맞게 색칠한 마녀 PVC를 자른다.
6) 날아가는 마녀 PVC에는 보슬이, 색칠한 마녀 PVC에는 까슬이를 붙인다(이때, 날아가는 마녀의 검정색 색지 부분에 부착하여 보슬이, 까슬이가 그림자로 보이지 않도록 한다).
7) 순간접착제를 사용하여 아크릴 막대를 붙인다.

4. 그림자 동화 매체 틀 만들기

1) 63×63cm 크기로 10T 검정색 폼보드 1개와 검정색 하드보드지 2개를 자른다.
2) 폼보드의 앞, 뒷면에 하드보드지를 붙여서 견고하게 한다.
3) 그 사이에 트레싱지를 끼워 넣어서 그림자 동화용 틀을 만든다.
4) 30×30cm 크기로 10T 검정색 폼보드 1개와 검정색 하드보드지 2개를 자른다.
5) 폼보드의 앞, 뒷면에 하드보드지를 붙여서 견고하게 하여 매체 틀의 문짝 2개를 만든다.
6) 그림자 동화 매체 틀의 왼쪽 위, 아래와 오른쪽 위, 아래에 경첩을 못으로 박는다.
7) 30×30cm 크기의 틀을 양쪽에 연결하여 여닫을 수 있도록 만든다.
8) 그림자 동화용 틀의 안쪽 윗부분에 벽걸이 2개를 부착하여 그림자 동화 배경을 효율적으로 전환할 수 있게 한다.

2) 활용

활동교육계획안

생활주제: 환경과 생활 **연령:** 만 5세
활동유형: 동화 **활동명:** 색깔을 훔치는 마녀
자료: 그림자 동화(동화 장면, 손전등, 꼬마 마녀 막대인형, 동화책, 활동지)

활동목표

- 여러 가지 색의 혼합으로 인한 색의 변화에 대해 안다.
- '색깔을 훔치는 마녀' 그림자 동화를 듣고 동화의 내용을 이해할 수 있다.
- 그림자 동화를 듣고 빛과 그림자에 관심을 가진다.

활동내용

1. 그림자 동화를 들려주기 위한 환경을 만든다.

– ○○반 친구들, 오늘은 특별한 친구가 우리 ○○반 친구들에게 하고 싶은 이야기가 있다고 해서 찾아왔어.
– (동화 틀을 꺼내며) 이 친구는 아주 특별한 친구여서 여기에서 그림자로 나와서 이야기를 해줄 거래.
– 그런데 이 친구의 이야기는 불을 켜고도 들을 수 있지만 불을 끄고 들으면 더 재미있다고 해.
– 그래서 선생님이 불을 한 번 꺼보려고 하는데, 혹시 불을 끄는 게 무섭다고 느껴지는 친구들은 선생님한테 말을 해주면 불을 켜고 이야기를 듣도록 할게. 이제 불을 꺼볼게.
– (불을 끈 후) 불을 꺼봤는데 혹시 무섭다고 느껴지는 친구가 있니?
– (무섭다고 하는 유아가 있을 경우) 무섭다고 느끼는 친구들이 있으니 불을 켜고 친구의 이야기를 들어보도록 하자.
– (무섭다고 하는 유아가 없을 경우) 그럼 불을 끈 상태로 이야기를 들어보아도 되겠니?
– 이제 우리 반에 찾아온 친구의 이야기를 들어보자.

2. 꼬마 마녀의 이야기를 들려주며 흥미 유발을 한다(그림자 동화 매체용 손전등을 켜고 그림자 동화용 막대인형을 이용하여 꼬마 마녀의 이야기를 들려준다).

(마녀 목소리로) 안녕, ○○반 친구들! 나는 꼬마 마녀야! 호호호! ○○반 친구들에게 내 이야기를 하고 싶어서 찾아왔어. 나는 다른 마녀들과는 다르거든. 친구들이 보는 것처럼 나는 모든 게 하얗기만 해. 이것 봐, 하얀 모자, 하얀 원피스, 하얀 구두밖에 없다니까? 게다가 내가 사는 집도 하얀색이야. 하얀색은 정말 지겹다고! 그래서 나는 다른 색을 찾아보기로 했어. 내가 어떻게 했는지 궁금하지 않니? ○○반 선생님께서 내 이야기를 들려주실 거야. 선생님이 해주시는 내 이야기를 잘 들어줘~

3. 동화 '색깔을 훔치는 마녀'를 소개한다.

- (손전등을 끄고 불을 켠 후) 얘들아, 그림자로 나왔던 꼬마 마녀가 어떤 이야기를 했니?
- 꼬마 마녀는 어떤 색깔의 모자, 원피스, 구두밖에 없다고 했지?
- 친구들이 말해준 것처럼 하얀색이었어. 하얀색밖에 없는 꼬마 마녀는 대체 어떻게 했을까? 그래서 선생님이 꼬마 마녀의 이야기를 들려주기 위해서 동화책을 준비해왔어.
- (동화책을 꺼내면서) 책 표지에는 어떤 것들이 보이니?
- 그림에 있는 마녀는 무엇을 하고 있는 것 같니?
- 이번에는 동화의 제목을 읽어보자. 글자를 읽을 수 있는 친구들은 선생님과 함께 동화의 제목을 읽어보도록 하자.
- 잘 읽어주었어. 동화의 제목을 들으니 어떤 내용의 동화일 것 같니?
- 왜 색깔을 훔친다고 했을까? 친구들이 말해준 내용이 맞는지 한 번 잘 들어보자.
- 오늘은 동화책 말고 아까 꼬마 마녀의 이야기를 들었던 것처럼, 이 그림자 동화 매체를 이용해서 그림자 동화로 들어볼 거야.

4. 불을 끄고 그림자 동화 '색깔을 훔치는 마녀'를 들려준다.

- 이제 다시 불을 끄고 동화를 잘 들어보도록 하자.

5. 그림자 동화 '색깔을 훔치는 마녀'를 듣고 난 후, 장면을 다시 보며 내용에 대해 이야기 나눈다(불을 켜 줄 수 있는 친구가 있는지 물어보고 불을 켠다).

- ○○반 친구들, 그림자 동화를 잘 들어보았니?

– 동화를 듣고 어떤 느낌이 들었니?
– 동화에는 누가 나왔지?
– (장면을 다시 보여주며) 처음에 나온 꼬마 마녀는 하얀색이 너무 지겨워서 어떻게 했니?
– 그래, 마술 봉으로 색깔을 뺏기로 했지. 어떤 것들의 색깔을 빼앗았는지 순서대로 말해보자.
– 친구들이 말해준 것처럼 사과, 해바라기. 파랑새의 색깔을 뺏었지.
– 사과의 빨간색을 뺏고 나서 해바라기의 노란색을 뺏자 마녀의 옷은 무슨 색으로 변했는지 기억나는 친구가 있니?
– 왜 주황색이 되었을까?
– 해바라기의 노란색을 뺏고 나서 파랑새의 파란색을 뺏자 마녀의 구두는 무슨 색으로 변했었지?
– 그런 다음에 꼬마 마녀는 코끼리 할아버지의 회색을 빼앗기 위해 날아갔었어. 그런데 코끼리 할아버지는 꼬마 마녀에게 색을 주지 않고 뭐라고 말했었니?
– 그때 꼬마 마녀가 자기 자신을 보자 무슨 색으로 변해있었지?
– 그래, 색깔이 모두 섞여 까만색으로 변해있었어. 코끼리 할아버지는 까맣게 된 마녀에게 어떻게 하라고 했었니?
– 색깔을 모두 돌려주고 다시 하얗게 된 마녀에게 코끼리 할아버지는 누구한테 가라고 했었지?
– 친구들 말처럼 꼬마 마녀는 햇님에게 갔어. 햇님이 나눠준 빛의 색을 모두 빨아들인 마녀는 어떤 색이 되었지?
– 그래, 그대로 하얗기만 했어. 왜 빛의 색을 모두 빨아들였는데도 여전히 하얀색이었을까?
– 코끼리 할아버지가 뭐라고 말했었는지 기억나는 친구가 있니?
– 코끼리 할아버지는 '땅의 색깔을 모두 모으면 까맣게 되지만 빛의 색깔을 모두 모으면 하얗게 된다'고 했었어. 친구들이 잘 기억해 주었구나.
– 그러고 나서 코끼리 할아버지가 하얗게 된 마녀에게 물을 뿌려주었더니 꼬마 마녀는 무슨 색으로 변했니?
– 친구들이 꼬마 마녀라면 하얗기만 하다가 무지개 색이 되었을 때 어떤 기분이 들 것 같니?

6. 동화 활동을 마무리하고 활동에 대해 평가한다.

- 오늘 우리가 어떤 동화를 들어보았지?
- 그래, '색깔을 훔치는 마녀'라는 동화를 들어보았어. 오늘은 동화책으로 듣지 않고 어떻게 들어보았지?
- 친구들이 말해준 것처럼 빛과 그림자를 이용한 그림자 동화 매체로 동화를 들어보았어.
- 그림자 동화 매체로 동화를 들어보니 어땠니?
- 동화책으로 동화를 듣는 것과 그림자 동화 매체로 동화를 들어보는 것은 어떤 점이 비슷하고 어떤 점이 다르다고 생각하니?
- 동화 속에서 가장 기억에 남는 장면은 무엇인지 말해보자.
- 동화에서 바꾸고 싶은 부분이 있으면 말해보자.
- 활동을 하면서 어려웠거나 아쉬웠던 점도 있었니?
- ○○이는 동화가 너무 재미있었는데 한 번 밖에 듣지 못해서 아쉬웠구나. 그럼 선생님이 오늘 들었던 '색깔을 훔치는 마녀' 동화책을 언어 영역에 두도록 할게. 동화가 더 듣고 싶은 친구들은 자유선택활동 시간에 언어 영역에 가서 동화책으로 읽어보도록 하자.
- 그리고 선생님이 동화의 처음에 나오는 하얀색 꼬마 마녀가 그려진 활동지를 준비해왔어.
- 자유선택활동 시간에 미술 영역에서, 하얀색이 너무 지겨운 꼬마 마녀를 너희가 좋아하는 여러 가지 색과 모양으로 꾸며주도록 하자.

7. 차시예고를 한다.

- 다음 시간에는 어떤 동화를 들어보고 싶니?
- 그럼 다음 시간에는 많은 친구들이 이야기 해준 ~의 내용이 있는 동화를 들어보자.
- 다음 시간은 간식 시간이야. 해바라기의 노란색과 파랑새의 파란색이 섞여서 나온 색인, 초록색 옷을 입은 친구부터 줄을 서서 손을 씻으러 가도록 하자.

동화 내용 첨부

색깔을 훔치는 마녀

깊은 숲 속에 꼬마 마녀가 살고 있었어요.
“난 이제 하얀색이 너무 지겨워! 맨날 하얀 모자, 하얀 원피스, 하얀 구두라니! 다른 색을 찾아봐야겠어! 아, 그래! 마술 봉을 써 봐야겠다!”
“처음에는 사과로 해볼까? 빨간색아 들어와라! 얍!”
그러자 꼬마 마녀의 하얀 모자에 사과의 빨간 색이 들어왔어요.
“우와! 빨간색 모자가 되었다!”
“이번에는 노란 해바라기를 해볼까? 노란색아 들어와라! 얍!”
그러자 꼬마 마녀의 빨간색과 해바라기의 노란색이 섞여서 주황색 옷이 되었어요.
“우와! 주황색 옷이 되었네?”
“이번에는 파랑새를 해보자! 파란색아 들어와라! 얍!”
그러자 꼬마 마녀의 노란색과 파란색이 섞여 초록색 구두가 되었어요.
“우와! 초록색 구두가 되었잖아?”
꼬마 마녀는 점점 신이 나서 온 숲을 날아다니며 색깔을 빼앗기 시작했어요.
이제 숲에 남은 건 코끼리 할아버지의 회색뿐이었지요.
꼬마 마녀는 코끼리 할아버지에게 날아갔어요.
“뿌우우우, 무슨 일이니 꼬마 마녀야?”
“코끼리 할아버지, 할아버지 색깔을 저한테 주세요!”
“넌 벌써 숲의 색깔들을 다 빼앗았잖니? 네 자신을 보렴.”
“헉 이게 뭐야! 전부 까만색이 되어버렸잖아? 으아아앙.”
꼬마 마녀는 깜짝 놀라 울었어요.
“꼬마 마녀야, 울지 마렴. 니가 뺏은 색은 모으면 모을수록 까맣게 되는 색이란다.
하지만 모으면 모을수록 아름다워지는 색도 있지.”
“그건 어떤 색인데요?”
“먼저 니가 뺏은 색을 다 돌려주고 온다면 알려주마.”
‘할아버지 말씀이 사실일까? 잊지 않고 모두 돌려주어야 하는데….’
꼬마 마녀는 색을 돌려주러 열심히 날아다녔어요.
꼬마 마녀는 다시 하얗게 되었어요.
“할아버지, 이제 가르쳐 주세요!”
“꼬마 마녀야, 온 세상을 빛의 색으로 밝게 비춰주는 게 뭐지?”
“음…. 햇님이요!”
“그래! 햇님에게 빛의 색을 나눠달라고 부탁해보렴.”

꼬마 마녀는 산꼭대기로 날아갔어요.
"햇님! 저한테 빛의 색을 좀 나누어주세요!"
햇님은 웃으며 색을 나누어 주었고 꼬마 마녀는 햇님이 나누어준 색을 모두 빨아들였어요.
하지만 꼬마 마녀는 하나도 변한 게 없이 그대로 하얗기만 했어요.
꼬마 마녀는 코끼리 할아버지에게 말했어요.
"코끼리 할아버지, 이게 뭐예요! 이번에는 하얗기만 하잖아요! 으아아앙."
"땅의 색깔을 모두 모으면 까맣게 되지만 빛의 색깔을 모두 모으면 하얗게 된단다. 하지만 이걸 보렴."
코끼리 할아버지는 기다란 코에 물을 담아 꼬마 마녀에게 뿌렸어요.
그러자 꼬마 마녀의 옷이 무지갯빛이 되었어요!
"와! 코끼리 할아버지, 이것 보세요! 아름다운 무지개 색깔 옷이 되었어요!"
꼬마 마녀는 하얀 모자와 하얀 원피스, 하얀 구두를 계속 갖고 있기로 했어요.
하지만 싫증이 나면 코끼리 할아버지에게 물을 뿌려달라고 졸랐어요.
그러면 그때마다 무지갯빛 옷을 입을 수 있었답니다.

11 달 샤베트

1) 제작

활동유형: 동화

교구제작 순서

1. 배경판 만들기

1) 하드보드지에 젯소를 칠한다.
2) 젯소가 마르면 아크릴 물감을 칠한다.
3) 아크릴 물감 위에 폼보드로 아파트와 문을 만들어 붙인다.
4) 낚싯줄을 달아 조작 가능하게 한다.
5) 칼집을 내고 달이 오르내릴 수 있도록 뒤에 노랑 색지를 끼운다.

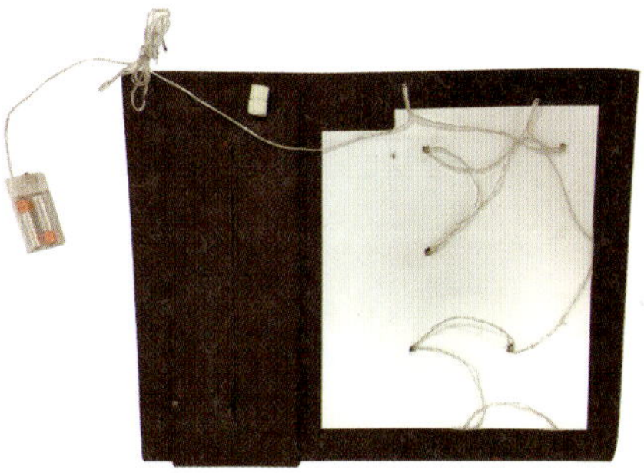

2. 전구 연결하기

1) 배경을 완성한 판 앞에 전구를 연결할 부분을 표시한다.
2) 표시한 부분에 칼집을 낸다.
3) 판을 뒤집어 칼집을 낸 부분에 전구를 끼워 넣는다.
4) 전구를 끼우고 남은 줄을 빵끈으로 묶는다.
5) 전구에 건전지를 연결한다.

3. 윗판 만들기

1) 젯소와 아크릴 물감을 칠한 하드보드지에 달 크기 정도의 구멍과 휴지심 크기의 구멍을 뚫는다(구멍을 뚫을 때 파인애플 조각 모양으로 그린 후 칼을 이용하여 자른다).
2) 하드보드지를 동그랗게 자르고 중간에 휴지심 크기의 구멍을 뚫은 후 아크릴 물감을 칠한다.
3) 노랑색 색지로 달 모양을 자른다.
4) 자른 달 모양을 동그란 모양의 하드보드지에 붙인다(동그란 하드보드지를 8등분

하여 일정한 간격으로 붙인다).
5) 투명 OHP필름으로 감싼다.
6) 휴지심을 중앙에 끼운 후 순간접착제로 붙인다.

4. 판 합치기

1) 배경 1, 2, 3, 4의 모서리에 자석을 붙인다.
2) 상자 모양으로 서로 연결한다.

2) 활용

활동교육계획안

생활주제: 봄·여름·가을·겨울 **연령:** 만 4세
활동유형: 대집단활동 **활동명:** 달 샤베트
자료: 테이블동화(배경1, 배경2, 배경3, 배경4)

활동목표

- 더운 여름을 시원하게 지내는 방법을 안다.
- 여름 날씨에 대한 자신의 생각을 말할 수 있다.
- 동화를 바른 태도로 듣고 즐긴다.

활동내용

1. 동화의 표지를 보며 동화의 내용을 예측해본다.

– 선생님이 너희들에게 들려주고 싶은 동화를 한 권 준비해왔어.
– 동화의 표지에 어떤 것들이 보이니?
– 이 아파트 속에 살고 있는 사람들의 모습을 보니 어떤 계절인 것 같니?
– 표지를 보니 어떤 내용의 동화일 것 같니?

2. 동화 '달 샤베트'를 소개한다.

– 글씨를 읽을 수 있는 친구들은 선생님과 함께 동화의 제목을 읽어보자.
– 이 동화의 제목은 '달 샤베트'야.
– 너희들은 샤베트가 무엇인지 알고 있니?
– 알고 있는 친구들도 있고, 모르는 친구들도 있는 것 같네, 샤베트는 달콤한 주스를 차갑게 얼려서 먹는 여름간식이야. 우리 반 친구들 중에 샤베트를 먹어본 적이 있는 친구가 있니?
– 그런데, 하늘 높이 떠있는 달로 어떻게 맛있는 샤베트를 만들 수 있을까?
– 너희들이 생각한 것이 맞는지, 동화를 한 번 잘 들어보자.

3. 동화 '달 샤베트'를 듣는다.

– 이 아파트 속에 살고 있는 사람들은 더운 여름날 에어컨과 선풍기를 틀어서 시원하게 보내고 있네, ○○반 친구들도 더운 여름날을 시원하게 보내는 방법에 대해 알고 있니?

- 반장 할머니가 어떻게 달을 샤베트로 만들 수 있었니?
- 이제 반장 할머니는 달 샤베트를 누구와 함께 나누어 먹으면 좋을까?
- 정전이 되어서 아파트 불이 다 꺼져버렸네! 너희들은 정전이라는 말의 뜻을 알고 있니?
- 정전은 전기를 더 이상 쓸 수 없게 된 것을 말해.

4. **동화 '달 샤베트'를 듣고 난 후, 내용에 대해 이야기 나눈다.**

- 동화 속에서 가장 기억에 남는 장면은 무엇이었니?
- 어떤 장면이 가장 재미있었니? 왜 그렇게 생각했니?

5. **정전을 경험해 본 일에 대하여 이야기 나눈다.**

- 아파트 사람들에게 어떤 일이 일어났니?
- 그래, 정전이 되어서 아무것도 보이지 않았지.
- 혹시 정전을 경험해 본 친구가 있니?
- 선생님은 저번에 비가 많이 와서 정전이 되었었는데, 불이 켜지지 않아서 양초를 켜고 책을 읽었던 적이 있었어.

6. **더운 여름을 시원하게 보내는 다양한 방법에 대해 이야기 나눈다.**

- 여름에는 날씨가 어떠니?
- 아파트 사람들은 더운 여름 날씨를 어떤 방법으로 시원하게 보내고 있었니?
- 너희들은 더운 여름 날씨를 어떻게 시원하게 보내고 있니?
- 또 어떤 방법이 있을까?
- 어떤 옷을 입으면 조금 더 시원하게 느껴질까?
- 더운 여름에는 또 어떤 음식을 먹을 수 있을까?

7. **동화를 듣고 회상하는 이야기를 나눈다.**

- 오늘 선생님과 들어본 동화의 제목이 무엇이었니?
- 동화를 들으면서 더 알고 싶었던 것이 있었니?

8. **다음 활동을 안내한다.**

- 다음 시간에는 동화 속에 나오는 달콤한 샤베트를 만들어 볼 거야.
- 선생님은 달물 대신 비슷한 노란 파인애플 즙을 준비해왔어.
- 바르게 앉아있는 ○○모둠부터 손 씻고 화장실 다녀오도록 하자.

동화 내용 첨부

달 샤베트

아주 아주 무더운 여름날 밤이었어요.

"아휴, 너무 더워서 잠도 못자고 아무 것도 할 수가 없네." 모두들 창문을 꼭꼭 닫고, 에어컨을 쌩쌩, 선풍기를 씽씽 틀며 잠을 청하고 있었어요.

똑. 똑. 똑. "어! 이게 무슨 소리지?"

"저것 좀 봐! 창 밖에 커다란 달이 똑똑 녹아내리고 있잖아!" 부지런한 반장 할머니가 큰 고무대야를 들고 뛰쳐나가 달 방울들을 받았어요.

"이걸로 무얼 할까? 그래! 이 노란 달물을 샤베트 틀에 나누어 담아 냉동실에 넣어 두어야겠다!"

에어컨은 쌩쌩. 선풍기는 씽씽. 냉장고는 윙윙.

앗! 온 세상이 깜깜해졌어요. 전기를 너무 많이 써서 정전이 된 것이에요.

"일단 밖으로 나가자!"

"그런데 너무 깜깜해서 잘 걸을 수가 없어!"

"아얏! 누가 내 발을 밟았어!"

"저것 좀 봐! 반장 할머니 집에서 밝고 노란 빛이 나오고 있어!" "저기로 가 보자!" 할머니는 문을 열고 달 샤베트를 하나씩 나누어 주었어요.

"모두모두 이 달 샤베트를 받거라."

"아이 시원해~" "아주 달콤한 달 샤베트야~"

신기한 일이었어요. 달 샤베트를 먹고 나자 더위가 싹 달아나 버린게 아니겠어요?

똑. 똑. 똑.

"이번엔 또 누구지? 이게 누구야, 옥토끼들이잖아?" "달이 사라져 버려서 살 곳이 없어요."

"그것 참 큰일이로구나." 할머니는 식탁에 앉아 생각에 잠겼어요. 그때, 창문 위에 놓아두었던 빈 화분이 눈에 들어왔어요. "옳거니! 남은 달물을 여기에 부어봐야겠다!" "아니! 이게 뭐야? 달맞이꽃이잖아?" 달처럼 환한 달맞이꽃이 밤하늘을 향해 고개를 들었어요.

"저것 좀 봐! 하늘에 작은 빛이 보여!"

밤하늘에 피어난 작은 빛은 점점점 자라나 커다랗고 노랗고 둥그런 보름달이 되었답니다.

"우리가 다시 살 곳이 생겼어! 이제 새 집으로 돌아가자! 감사합니다. 반장 할머니!"

반장 할머니도 시원하고 달콤한 잠을 청했어요.

"모두 잘 자요."

12 호기심 토끼

1) 제작

활동유형: 동화

교구제작 순서

1. 배경판 만들기

1) 4절 하드보드지에 흰색 머메이드지를 붙인다.
2) 뒷면에는 하늘색 도화지를 붙인다.
3) 흰색 머메이드지를 붙인 면에 갈색 한지를 붙여 땅을 표현한다.
4) 회색 펠트지를 붙여 돌을 표현한다.
5) 파란색, 하늘색 파스텔로 하늘을 표현한다.
6) 똑같은 방법으로 나뭇가지, 파스텔, 물감, 한지, 펠트지를 이용해 배경판 5개를 만든다.

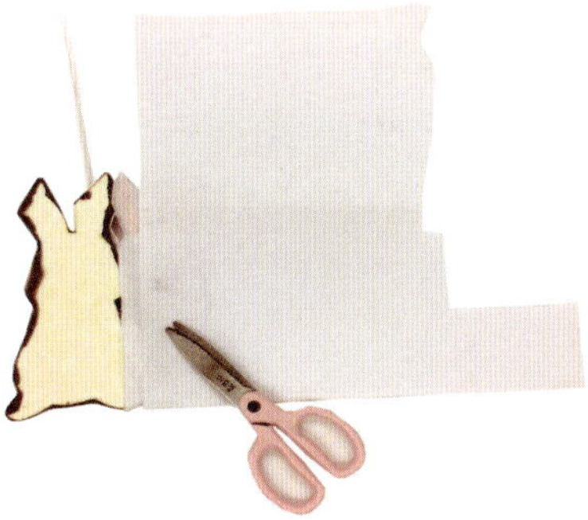

2. 토끼 막대인형 만들기

1) EVA에 12×12cm 크기에 맞춰 토끼 밑그림을 2개 그린다.
2) 그린 토끼 밑그림을 자른다.
3) EVA 사이에 아크릴 막대를 붙인다.
4) 갈색 천, 흰색 펠트지를 EVA에 맞게 자른다.
5) 자른 갈색 천, 흰색 펠트지를 바느질한다.

3. 동물 막대인형 만들기

1) EVA에 12×12cm 크기에 맞춰 다람쥐, 곰 밑그림을 2개씩 그린다(곰, 양, 다람쥐, 사슴, 청둥오리, 두루미, 악어, 거북이를 각각 2개씩 그린다).
2) 그린 다람쥐, 곰 밑그림을 자른다.
3) EVA 사이에 아크릴 막대를 붙인다.
4) EVA에 한지를 붙인다.
5) 볼펜으로 다람쥐, 곰 얼굴을 그린다.

6) 동일한 방법으로 비즈, 물감, 한지, 색지, 모루를 이용해 막대인형 8개를 만든다.

4. 표지 만들기

1) 4절 하드보드지에 흰색 머메이드지를 붙인다.
2) 뒷면에는 하늘색 도화지를 붙인다.
3) 흰색 머메이드지를 붙인 면에 파란색, 하늘색 물감을 이용하여 배경을 칠한다.
4) 한지에 토끼 그림을 그려 오린다.
5) 물감이 마르면 토끼 그림을 붙인다.
6) 폼보드를 '호기심 토끼' 글자에 맞게 자른다.
7) 6)번 위에 프린트한 '호기심 토끼' 글자를 붙인다.
8) 완성한 제목을 붙인다.

2) 활용

활동교육계획안

생활주제: 동물과 자연/나와 가족 **연령:** 만 5세
활동유형: 동화 **활동명:** 호기심 토끼
자료: 막대동화(하얀토끼, 갈색토끼, 곰, 양, 다람쥐, 사슴, 청둥오리, 두루미, 거북이, 악어)

활동목표

- 나의 소중함에 대해 안다.
- 동화를 바른 자세로 들을 수 있다.
- 동화책에 나오는 동물들의 색, 모양, 질감 등에 관심을 가진다.

활동내용

1. 자신의 특별함에 대해 이야기 나눈다.

– 너희들이 가진 특별한 점에 대해 이야기해 줄 친구가 있니?
– 자신의 특별함을 찾기 위해 다른 친구들을 찾아다니는 친구의 이야기를 들어보도록 하자.

2. 동화를 듣는다.

– 애들아, 어떻게 하면 토끼가 특별한 토끼가 될 수 있을까?
– 토끼는 어떻게 해서 특별한 토끼가 되는지 동화를 잘 들어보도록 하자.
– 애들아 토끼가 어디로 갔을까? 선생님이 하나, 둘, 셋 하면 '토끼야 나와라!' 하고 토끼를 불러보도록 하자.

3. 동화의 내용을 회상한다.

– 친구들 모두 동화를 잘 들어보았니?
– 오늘 우리가 들어보았던 동화의 제목이 무엇이었지?
– 하얀 토끼는 자신의 어떤 점이 싫다고 했지?
– 특별함을 찾기 위해 토끼는 어떤 행동을 했지?
– 동화 속에는 어떤 동물들이 나왔었는지 기억이 나는 친구가 있니?
– 그래, 아기 곰도 나오고 토끼와 여러 동물 친구들이 나왔지.

– 토끼는 어떻게 특별함을 찾았지?

4. 동화를 듣고 느낀 점을 이야기 나눈다.

– 오늘 '호기심 토끼' 동화의 어떤 점이 재미있었니?
– ○○이는 흰 토끼가 갈색으로 변하는 장면이 재미있었구나. 또 다른 점이 재밌었던 친구가 있니?
– 너희들이 평범한 하얀 토끼였다면 어떤 기분이 들었을까?
– 우리가 만약 토끼였다면 어떤 방법으로 특별함을 찾을 수 있을까?
– 다음 시간은 간식시간이야. 특별함을 찾은 토끼처럼 귀를 쫑긋 하면서 앞쪽에 앉은 친구들부터 차례대로 손을 씻고 오도록 하자.

동화 내용 첨부

호기심 토끼

하늘에서 흰 눈이 펑펑 내리는 날 눈송이처럼 새하얀 토끼 한 마리가 나타났어요.

"안녕, 나는 평범한 하얀 토끼야. 그런데 나는 평범한 게 싫어! 어떻게 하면 내가 특별한 토끼가 될 수 있을까?"

토끼는 특별함을 찾기 위해 아기 곰들을 만나러 갔어요. 아기 곰들은 엄마를 꼬옥 끌어안고 새근새근, 콜콜 자고 있었어요. 이걸 본 토끼는 생각했어요.

'나도 잠꾸러기 토끼가 되어볼까? 하지만 나는 하나도 졸리지 않은걸...'

실망한 토끼는 옆 동네 양 친구들을 만나러 갔어요. 복슬복슬 구름 같은 양들은 언제나 즐겁게 매애매애 노래를 부르고 있었어요.

"토끼야! 우리 같이 노래 연습하자. 내일 노래 대회에 같이 나가는 거야! 랄랄라"

"그래? 나도 노래하는 토끼가 되어볼까? (산 토끼 노래를 조금 부른다) 하지만 내 목소리는 너무 작은걸? 나완 어울리지 않아. 다른 친구들을 만나러 가봐야겠어."

쪼르르 쪼르르, 부지런한 다람쥐들은 도토리를 주워 다 차곡차곡 쌓았어요.

"어휴, 바쁘다 바빠. 도토리를 얼마나 더 모아야 하는 거야?"

"응? 나도 도토리만 먹는 토끼가 되어볼까? 함냠냠, 으엑. 하지만 나는 초록색 풀이 더 맛있는걸."

"어어? 저기 누가 뛰어온다!"

사슴이 멋진 뿔을 우뚝 세우고 땅을 누비며 겅중겅중 뛰어왔어요.

"우와, 너 뿔이 정말 멋지다!"

"안녕 하얀 토끼야. 내 뿔 정말 멋지지? 어제 뿔 뽐내기 대회에서 일등한 뿔이야."

"나도 뿔이 멋진 토끼가 되어볼까? 하지만 나는 길쭉한 귀밖에 없는 걸..."

"어라? 그런데 이게 무슨 소리지?"

청둥오리들이 나란히 줄을 지어 해 저무는 노란 하늘을 훨훨 날고 있어요.

"하늘을 나는 토끼가 되어볼까? 하지만 나는 날개가 없는 걸..."

그때 옆에서, 길쭉길쭉 큰 입을 가진 두루미가 하아암 입을 크게 벌리며 하품을 했어요.

"아우 졸려. 왜 이렇게 졸린지 모르겠네."

'나도 입을 크게 하품을 하는 토끼가 되어볼까? 하암, 하지만 나는 입이 너무 작은 걸.'

"안 되겠다. 이제 바다로 가 봐야겠어!"

바다 위 거북이들은 넘실넘실 파도를 가르며 푸른 바다를 첨벙첨벙 헤엄쳤어요.

"안녕 토끼야. 나와 함께 바다에서 수영하지 않을래? 우린 바다를 건너갈 거야. 같이 가자!"

"나도 바다를 건너는 토끼가 되어볼까? 하지만 나는 파도가 너무 무서워."

"저기 물에 떠 있는 건 누구지? 어? 악어잖아!"

악어들은 두 눈을 꼬옥 감고, 나무토막처럼 물 위에 둥둥 떠다녔어요.

"나도 물에 떠다니는 토끼가 되어볼까? 하지만 나는 헤엄을 칠 줄 모르는걸."

겨울이 지나고 봄이 찾아왔어요. 들판엔 꽃망울이 툭툭, 나무엔 새싹이 파릇파릇. 모두 들 밖으로 나와 봄볕을 즐기고 있어요. 그런데, 호기심 많은 하얀 토끼는 어디로 갔을까요?

"여기야. 여기! 여기 좀 봐봐. 바로 나야. 길쭉한 귀를 쫑긋 세워 작은 소리를 듣고, 튼튼한 뒷다리로 깡충깡충 잘도 뛰지. 하얗던 몸도 어느새 갈색으로 바뀌었어. 나는 누구일까? 맞아, 나는 토끼야. 나는 더 이상 평범한 토끼가 아니야. 나는 갈색 털을 가진 아주 아주 특별한 토끼야! 난 이제 그 누구도 부럽지 않아!"

13 늑대가 들려주는 아기돼지 삼형제 이야기

1) 제작

활동유형: 동화

교구제작 순서

1. 늑대 만들기

1) 늑대 틀을 20cm 길이로 하드보드지와 우드락에 그리고 2장 자른다.
2) 우드락에 집게 그림을 그려 자른다.
3) 하드보드지와 우드락을 붙인 뒤 자른 우드락 공간에 집게를 움직일 수 있도록 집게 위쪽만 강력본드로 고정시킨다.
4) 그 위에 늑대 틀을 자른 하드보드지를 붙인다.
5) 갈색 펠트지에 늑대 틀을 3mm의 여유를 두고 밑그림을 2장과 너비가 1cm인 띠를 그린 후 자른다.
6) 하드보드지 틀을 넣고 자른 갈색 펠트지를 버튼홀스티치한다.
7) 남은 늑대 틀 한 장에 눈을 박음질한다.

2. 셋째 아기돼지, 둘째 아기돼지 집 틀 만들기

1) 25×18cm 크기에 맞춰 집 틀을 하드보드지와 우드락, 자석판에 그린다.
2) 늑대가 기침한 후 집이 무너진 그림을 수채화 물감을 사용해 그린다.
3) 집 틀 가운데에 돼지 엉덩이가 들어갈 공간을 만든다.
4) 1)에서 자른 우드락과 하드보드지, 자석판을 하드보드지-우드락-자석판 순으로 우드락본드를 사용해 붙인다.
5) 자석판 위에 2)에서 그린 그림을 붙인다.
6) 집 틀이 다 붙으면 옆면을 마스킹테이프로 마감한다.
7) 돼지 엉덩이를 자른 우드락에 분홍색 한지를 붙여 엉덩이를 표현한 뒤 공간에 넣는다.

3. 아기돼지 삼형제 집 완성하기

• 첫째 돼지네 집

1) 집 틀을 하드보드지 2장과 우드락에 그려 자른다.
2) 집 위쪽에 올라가는 하드보드지를 창문처럼 열리도록 위쪽 변과 아래쪽 변, 가운데를 칼로 자른다.
3) 첫째 돼지의 모습을 수채화로 그린다.
4) 하드보드지 – 우드락 – 창문에 맞춘 첫째돼지 그림 – 하드보드지 순서로 붙여준다.
5) 집은 천사점토를 활용해 벽돌 모양을 빚어 만들고 갈색, 지붕은 빨간색 아크릴 물감을 사용해 색칠한다.

• 둘째, 셋째 돼지네 집

1) 면도하는 둘째 돼지의 모습을 담은 그림을 하드보드지에 붙여 자른다.
2) 1)을 칼로 조각내 자른다.
3) 하드보드지를 남은 집 모양에 맞게 잘라 조각 낸 후 나무 조각을 강력접착본드를 사용해 붙인다.
4) 판 자석을 조각낸 모양에 맞게 자른다.
5) 조각을 낸 판 자석에 송곳으로 구멍을 뚫어 낚시줄을 고정시킨다.
6) 조각낸 판 자석과 조각낸 하드보드지를 모양에 맞게 붙인다.
7) 뒷면은 검정색 마스킹테이프로 붙여준다(셋째 돼지네 집은 나무 대신 마끈을 풀어 지푸라기 느낌을 낸다).

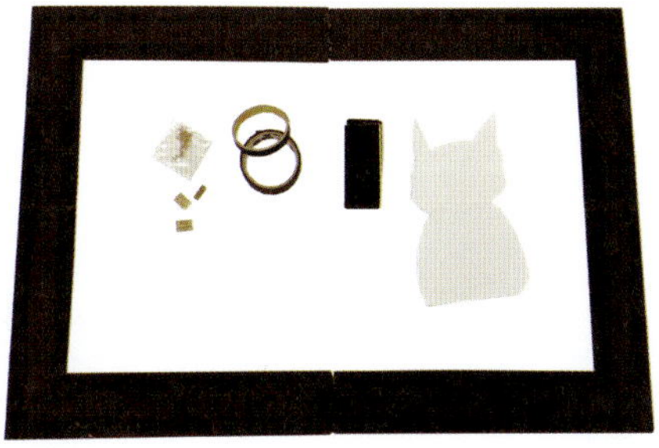

4. TV 틀 만들기

1) 전지 사이즈의 검정색 하드보드지를 TV 모양으로 자른다.
2) 하드보드지 크기에 맞게 폼보드도 잘라준다.
3) 1)과 2)의 중간을 자른다.

4) 하드보드지와 폼보드를 붙인다.
5) 테두리를 검정색 마스킹테이프를 사용해 붙인다.
6) 자른 부분에 경첩을 연결하여 접었다 폈다 할 수 있도록 한다.
7) 폼보드를 사용해 돼지 기자 틀을 자른다.
8) 색연필과 수채화 물감을 사용해 돼지 기자를 그린다.
9) 폼보드에 그림을 붙인 뒤 TV 틀에 고정시킨다.

2) 활용

활동교육계획안

생활주제: 동식물과 자연 **연령:** 만 5세

활동유형: 동화 **활동명:** 늑대가 들려주는 아기돼지 삼형제 이야기

자료: 융판동화(융판, 작은 늑대, 큰 늑대, 돼지 삼형제의 집(지푸라기집, 나뭇가지집, 벽돌집), 설탕컵, 늑대불, 스테인리스 보울, 숟가락, 웅성거리는 음성파일, 시민/경찰/기자 돼지, TV 틀)

활동목표

- 사건을 보는 관점이 늑대와 돼지가 다를 수 있음을 안다.
- 동화를 듣고 자신의 생각과 느낌을 적절한 말로 표현할 수 있다.

활동내용

1. 동화 '늑대가 들려주는 아기돼지 삼형제 이야기'를 소개한다.

- 얘들아, 월요일에 동생 반에서 '아기돼지 삼형제' 동극을 봤던 것이 기억나니?
- '아기돼지 삼형제'는 어떤 내용이었니?
- 이번 시간에는 '늑대가 들려주는 아기돼지 삼형제 이야기'를 들려줄 거야.
- 늑대가 들려주는 이야기는 어떤 점이 다른지 동화를 잘 들어보자.
- 지금 선생님 뒤에서 늑대가 이야기를 들려주려고 기다리고 있어.
- 선생님이 하나, 둘, 셋하면 우리친구들이 큰 목소리로 '늑대야~ 나와줘'하고 늑대를 불러보자.

2. 동화를 듣는다.

3. 동화의 내용을 회상한다.

- 늑대가 왜 설탕을 빌려야 했니?
- 늑대가 돼지의 집에 갔던 이유는 무엇이었니?
- 돼지의 집이 왜 무너졌니?
- 늑대가 돼지를 꼭 먹었어야 했을까?
- 돼지 삼형제가 늑대에게 설탕을 주었니?
- 늑대가 벽돌집 손잡이를 잡으려 할 때 무슨 일이 벌어졌니?

4. 원작 '아기돼지 삼형제'와 '늑대가 들려주는 아기돼지 삼형제 이야기'를 비교한다.

- 너희가 알고 있던 아기돼지 삼형제 이야기와 어떤 점이 같았니?
- 아기돼지 삼형제와 늑대가 들려준 이야기에서 다른 점은 무엇이었니?

5. 동화의 내용에 대해 토의한다.

- 이 동화에 나오는 늑대가 정말 커다랗고 고약한 늑대였니?
- 왜 그렇게 생각했니?
- ○○이와 같은 생각을 가진 친구가 있니?
- □□이와 다른 생각을 가진 친구가 있니?
- 늑대가 돼지를 잡아먹은 것에 대해 △△이는 어떻게 생각하니?
- 왜 그렇게 생각했니?
- △△이와 다른 생각을 가진 친구가 있니?

6. 동화를 듣고 느낀점을 이야기 나눈다.

- '늑대가 들려주는 아기돼지 삼형제 이야기'를 들어보았어.
- 우리 약속을 지키면서 동화를 들어보았니?
- 동화에서 재미있었던 부분이 있었니?
- 이 책은 어느 영역에 두면 좋을까?
- 언어 영역에 책을 둘 테니 책으로 동화를 읽고 싶은 친구들은 자유선택활동 시간에 읽어보자.
- 다음 시간은 자유선택활동시간이야. 늑대와 같은 회색 옷을 입은 친구들부터 놀이 계획을 시작하도록 하자.

동화 내용 첨부

늑대가 들려주는 아기돼지 삼형제 이야기

애들아, 안녕? 나는 늑대 알렉산더야. 그냥 알이라고 불러도 돼. '아기돼지 삼형제' 이야기를 알고 있니? 내가 너희들에게 비밀을 하나 알려줄게. 사실은 아직 진짜 아기돼지 삼형제 이야기는 아무도 몰라. 왜냐하면 늑대 입장에서 하는 이야기는 아무도 들은 적이 없거든. 나는 커다랗고 고약한 늑대 이야기가 어떻게 처음 생겨났는지 도대체 모르겠어. 너무 억울해서 잠이 안와. 아마 우리가 먹는 음식 때문에 그런 얘기가 생긴 것 같아. 원래 우리는 조그만 돼지나 토끼같은 동물을 먹게끔 되어 있거든. 돈가스를 먹는다고 해서 너희를 커다랗고 고약한 사람이라고 한다면, 그게 말이 되니? 너희가 알고 있는 커다랗고 고약한 늑대 이야기는 새빨간 거짓말이야. 진짜 이야기는 재채기와 설탕 한 컵에서 시작되었어.

아주 오래전에, 내가 할머니 생일 케이크를 만들 때야. 나는 아주 심한 감기에 걸려있었지. 그때 마침 설탕이 다 떨어졌어. 그래서 나는 이웃집에 사는 돼지에게 설탕을 얻어 오기로 했어.

"어우 이 돼지는 정말 머리가 나쁜가 봐. 누가 지푸라기로 집을 짓겠어?"

똑똑똑. "어이쿠, 문이 떨어졌잖아? 아기돼지야, 아기돼지야, 안에 있니? 아무 대답이 없네. 그냥 집으로 가야하나?"

바로 그때, 내 코가 근질거리기 시작했어.

"크흥 크흥 재채기가 나올 것 같아. 에에엣 에에에에에 취!"

그랬더니 그 지푸라기 집이 몽땅 무너지고 말았어.

"어? 저건 돼지 엉덩이잖아?"

가까이 가보니 그 돼지는 완전히 죽어있었어. 그 돼지는 처음부터 집에 있었던 거야.

"짚더미 속에 먹음직스러운 햄이 있는데 그냥 가는 건 어리석은 일이야. 너희도 눈앞에 커다란 돈가스가 있다고 생각해봐. 그냥 내버려두지 못할걸?"

"룰루랄라, 맛있는 고기를 먹으니 기분이 좋네. 하지만 아직 설탕은 구하지 못했잖아... 옆집에 아기돼지 둘째 형이 산다던데. 그 쪽으로 가봐야겠어."

"이 돼지도 머리가 정말 나쁜가봐. 누가 나뭇가지로 집을 짓겠어?"

띵동 띵동. "돼지 씨, 돼지 씨, 안에 있소?"

"저리가, 이 늑대야. 넌 못 들어와. 난 지금 수염을 깎는 중이라고!"

내가 막 문 손잡이를 잡았을 때, 또 재채기가 나오려고 했어. 나는 입을 막으려고 했지만 바로 그때, "에에에엣 에에에에에 취!"

믿어지지 않겠지만, 이 집도 동생네 집처럼 무너지고 말았어.

"어, 저건 돼지 엉덩이잖아?"

두 번째 아기돼지도 완전히 죽어있었어. 이건 내 이름을 걸고 하는 말인데, 이 돼지는 틀

림없이 죽어있었다구. 너희도 알지? 음식을 바깥에 두면 상한다는 거. 내가 할 수 있는 일은 그 돼지를 먹어치우는 것뿐이었어.

"아~ 돼지를 두 마리나 먹었더니 배가 너무 부른걸! 그래도 아직 설탕을 못 얻었잖아. 옆집으로 한 번만 더 가봐야겠어."

나는 아기돼지들의 첫째 형네 집에 갔어.

"그래도 이 돼지는 머리가 제일 좋군. 벽돌로 집을 지었잖아."

똑똑똑.

"돼지 씨, 돼지 씨, 안에 있소?"

그 못된 돼지가 뭐라고 했는지 알아?

"꺼져 버려, 늑대야. 다시는 날 괴롭히지 마."

"휴우... 내가 설탕이 필요한데 설탕 한 컵만 줄 수 있겠소?

"너에게 줄 설탕은 없어! 그러니 저리 가!"

나는 속으로 케이크 대신 멋진 생일카드나 만들어야겠다고 생각했어. 그런데 그때 또 재채기가 나오려는 거야.

"에에에에엣 취이이!"

"흥! 너희 할머니 다리나 부러져라!"

나는 평소에는 꽤 침착해. 하지만 누가 우리 할머니를 그런 식으로 얘기하면 정말 화가 난다구! 내가 막 돼지네 집 문을 부수려고 할 때, 기자들과 화난 돼지들이 달려왔어.

"스으읍 에취! 에취! 못된 돼지 같으니!!"

"늑대씨, 늑대씨 이게 무슨 일입니까? 돼지를 잡아먹은 겁니까?"

"늑대는 물러가라! 늑대는 거짓말쟁이다! 물러가라! 물러가라!"

"긴급 뉴스입니다. 오늘 오후 6시경 커다랗고 고약한 늑대 한 마리가 아기돼지 삼형제를 위협하는 사건이 일어났습니다. 이 과정에서 늑대는 입김을 세게 불어 돼지의 집을 부쉈으며 돼지 두 마리를 먹어치웠습니다. 늑대는 이게 다 설탕 때문이라고 거짓말만 하며 감옥에 갇혀 있습니다. 지금까지 꿀꿀 뉴스의 꿀꿀이었습니다."

나는 할머니 생일 케이크를 위한 설탕 한 컵만 필요할 뿐이었어. 얘들아, 내가 정말 크고 고약한 늑대니?

14 아씨방 일곱 동무

1) 제작

활동유형: 동화

교구제작 순서

1. 일곱 동무와 아씨 만들기

1) 일곱 동무의 도면을 그린다.
2) 도면을 자른 뒤 하드보드지와 펠트지에 그려 오린다.
3) 하드보드지를 두 개 덧대어 붙인다.
4) 하드보드지에 살구색 천과 한복 천을 붙인다.
5) 한복 천 안에 솜을 넣는다.
6) 한복 천을 크기에 맞추어 재단한다.
7) 흰색 펠트로 저고리의 컬러 부분에 붙인 뒤 바느질한다.
8) 윗저고리와 치마를 바느질한다.
9) 검정색 한지를 돌돌 말아 머리를 완성한다.
10) 앞면에는 바느질한 천과 뒷면에 펠트지를 덧대고 바느질한다.
11) 똑같은 방법으로 일곱 동무와 아씨를 만든다.

2. 일곱 동무 얼굴 프린팅 방법

1) A4용지에 동화책에 나온 아씨와 일곱 동무의 얼굴 표정을 따라 그린다.
2) 따라 그린 얼굴 표정을 사진을 찍는다.
3) 사진을 찍어 컴퓨터로 옮겨 PPT로 스캔을 한다.
4) 스캔을 한 이후에 배경을 지우고 얼굴 표정만 남긴다.
5) 얼굴 표정을 전산지에 출력을 한다.
6) 출력한 전산지를 잘라 붙이고 싶은 위치에 붙인다.
7) 붙인 다음에 다리미로 다려 얼굴을 고정한다.

8) 흐릿하게 나온 부분은 네임펜으로 한 번 선을 따라 그려준다.

3. 반짓고리 만들기

1) 상자의 한쪽 면을 칼로 오려낸다.
2) 종이에 도안을 그린 뒤 오린다.
3) 한지에 도안을 대고 그린 뒤 잘라낸다.
4) 분홍색 한지를 상자에 붙인다.
5) 상자의 모서리 부분에 붙일 빨간색 한지를 1cm로 잘라낸다.
6) 모서리에 한지 풀을 이용하여 빨간색 한지를 붙인다.
7) 여러 가지 모양의 한지를 상자에 붙여 꾸며준다.
8) 한지 풀이 다 마른 뒤 마감재를 발라준다.

4. 융판 만들기

1) 2절지 크기에 회색 펠트지를 준비한다.
2) 검은색 펠트지를 얇은 선으로 잘라 벽과 바닥을 구분한다.
3) 얇은 선을 바탕인 회색 펠트지에 붙여 바느질한다.
4) 접착 회색 펠트지를 바탕이 되는 회색 같은 크기로 붙인다.
5) 이어지는 부분을 모두 바느질한다.
6) 융판을 말아서 보관할 수 있도록 고정하는 똑딱이를 바느질한다.

2) 활용

활동교육계획안

생활주제: 우리나라 **연령:** 만 3세
활동유형: 동화 **활동명:** 아씨방 일곱 동무
자료: 융판동화(융천, 아씨, 일곱 동무, 문, 장롱)

활동목표

- 우리나라의 전통 생활도구에 대해 안다.
- 우리나라 전통, 문화에 관심을 갖는다.
- 동화 매체를 사용하여 이야기를 지어 말할 수 있다.

활동내용

1. 만들기를 할 때 사용하는 도구에 대해 이야기 나눈다.

- 우리가 만들기를 할 때 어떤 도구들을 사용하지?
- 미술 영역에는 어떤 도구들이 있니?
- 오늘 선생님이 들려 줄 동화에는 우리가 사용하는 도구처럼, 옛날 사람들이 사용했던 도구들이 나온단다.

2. 동화의 제목판을 보며 이야기 나눈다.

- 동화속에 어떤 도구들이 나오는지 궁금하지 않니?
- 선생님이 동화 나와라~라고 하면 너희들이 뚝딱! 이라고 이야기 해주면 선생님이 재미있는 동화를 들려주도록 할게~ 동화 나와라!
- 선생님이 오늘 들려 줄 이야기의 제목은 '아씨방 일곱 동무'라는 책이야.
- 혹시 '아씨'라는 말을 들어 본 친구가 있니?
- '아씨'는 옛날사람들이 젊은 여자를 부를 때 아씨~ 하고 높여 부르던 말이래.
- 그럼 이번에는 '동무'라는 말을 들어 본 적이 있는 친구가 있니?
- '동무'는 친구와 같은 말이야~ 지금 우리는 친구를 부를 때 효은 친구~ 라고 부르지만 옛날에는 효은 동무~ 하고 불렀었대.
- 그림 속에 어떤 것들이 보이니?
- 이 집은 누가 사는 집일까?
- 짠~ 이 집은 바로 아씨가 사는 집이였어.

– 그럼 이 동화는 어떤 내용일 것 같니?

3. '아씨방 일곱 동무' 동화를 듣는다.

– (인두가 나오는 장면) 인두를 들어본 적이 있는 친구가 있니?
– 인두는 다리미처럼 옷을 예쁘게 펴주는 도구야.
– (골무 동무가 나오는 장면) 너희들 골무를 들어본 적이 있는 친구가 있니?
– 골무는 바느질을 할 때 뾰족한 바늘에 찔리지 않도록 손가락에 끼는 도구야.
– 이번엔 누가 나올 것 같니?

4. 동화의 내용을 회상하며 이야기 나눈다.

– 모두들 동화를 잘 들어보았니?
– 동화속에 누가 나왔었지?
– 아씨와 일곱 동무에게 어떤 일이 있었니?
– 동화를 들으면서 제일 재미있었던 부분이 있니?
– 동화 속에 나오는 노래를 다 같이 불러볼까?

5. 교구를 보며 놀이 방법을 탐색한다.

– 여기에 어떤 것들이 보이니?
– 문, 장롱도 있고 일곱 동무들도 있고 빨강두건 아씨도 보인다.
– 또 이것은 무엇일까?
– 맞아. 너희가 이야기해 준 것처럼 이 곳은 아씨와 일곱 동무의 방이야.
– 그럼 우리가 이것들로 놀이를 한다면 어떻게 놀이할 수 있을까?
– 그럼 이 집에는 누가 들어가면 좋을까?
– 앞에 나와서 친구들에게 직접 보여주고 싶은 친구가 있니?
– 또 어떤 방법으로 놀이할 수 있을까?

6. 교구를 사용하며 주의해야 할 점에 대해 이야기 나눈다.

– 그럼 이 놀잇감을 가지고 놀이할 때 어떤 점을 조심하면서 놀이해야 할까?
– 그래 너희들이 이야기해 준 것처럼, 이 교구는 크기가 작으니 4명의 친구들 이 가지고 노는 것으로 하자.
– 그리고 다음에 사용하는 친구가 잘 놀이할 수 있도록 교구를 사용한 다음에

는 잘 정리해두도록 하자.

7. 교구를 비치할 영역에 대해 이야기 나눈다.

– 그럼 이 교구는 우리가 어떤 영역에서 놀이하면 좋을까?

동화 내용 첨부

아씨방 일곱 동무

옛날에 빨간 두건을 쓰고 바느질을 즐겨하는 '빨강 두건 아씨'가 있었어요.

빨강 두건 아씨에게는 손끝을 늘 떠나지 않는 일곱 동무가 있었지요.

일곱 동무는 바로 자, 가위, 바늘, 실, 골무, 인두, 다리미였어요.

하루는 빨강 두건 아씨가 살짝 잠이 든 사이에 자 부인이 큰 키를 뽐내며 말했어요.

"아씨가 바느질을 잘 해내는 건 다 내 덕이이야! 옷감의 좁고 넓음, 길고 짧음을 나 없이 잴 수 있을 것 같아? 흥, 어림없는 소리. 그러니 우리 중에서 제일 중요한 건 바로 나라고!"

그 말을 듣고 가위 색시가 입을 삐죽이며 따지듯 말했어요.

"아니, 형님 지금 무슨 소리예요? 내 덕은 몰라라, 형님 자랑만 하는군요. 잘 재어 본들 자르지 않으면 무슨 소용이 있나요? 내가 나서야 일이 된다고요."

그러자 앉아서 듣고만 있던 새침데기 바늘 각시가 "형님들, 자로 재고 가위로 자른다고 옷이 되나요? 내가 이 솔 저 솔 꿰매야지만 입을 옷이 되지 않나요? 내가 없으면 바느질은 절대로 할 수 없다구요"라며 따끔하게 쏘아 붙였어요.

요조숙녀 홍실 각시가 말했어요.

"호호호, 얘, 그것이 어떻게 너의 공로니? 너, 아무리 이 솔 저 솔 누비고 다녀 봐라. 실 없는 바늘이 일을 할 수 있겠니? 한 땀 반 땀이라도 내가 들어서야 하지 않니? 그러니 나야말로 주인공이 아니겠어? 호호호."

이들의 다툼을 지켜보던 골무 할미가 담뱃대를 빡빡 빨다가 슬그머니 이야기에 끼어들었어요.

"에헴, 나도 말참견 좀 해 볼까나! 중한 거로 따지자면 나만한 이 또 없지. 암, 그렇고 말고."

이때 나이가 좀 어린 탓에 참고 듣고만 있던 인두낭자가 불쑥 나섰어요.

"모두들 자랑이 너무 지나치군요. 들쭉날쭉 울퉁불퉁 바느질한 걸 구석구석 살피고 뾰족뾰족 다듬어서 제 모양 잡아주는 게 누군데요? 나만한 일꾼 없으니 그만들 하세요."

소심한 다리미 소저는 이제야 조근조근 말을 늘어놓아 봅니다.

"나도요... 인두 언니와 마찬가지인걸요. 구겨지고 접힌 곳을 내가 말끔히 펴주어야 하지요. 그래야 옷도 맵시가 나는데..."

이때 일곱 동무 다투는 소리에 빨강 두건 아씨가 잠에서 깨어났어요.

"듣자하니 모두들 제 잘난 줄만 아는구나. 너희가 아무리 잘 해낸들 내 손 없이 무슨 소용이 있어? 이 몸이 제일이지, 어째서 너희가 제일이야! 내가 나서야 너희가 제 구실 하는 것도 모르고 시끄러운 소리로 단잠을 깨우다니!"

화가 난 아씨는 다시 누워 잠을 청하기로 했어요. 그러나 아씨의 말에 놀란 일곱 동무는 한참 동안 할 말을 잃었어요.

일곱 동무는 슬픔에 잠겼어요. '내가 보잘것 없고, 소중하지도 않고, 없어져도 좋은 물건이라니…' 그중 성미 급한 가위 색시가 문밖으로 뛰쳐나가려는 걸 골무 할미가 간신히 말렸지요.

그런데 잠자는 빨강 두건 아씨의 꿈속에서도 일이 벌어지고 있었어요. 글쎄, 아씨가 바느질을 하려는데 일곱 동무가 하나같이 보이질 않는 것이었어요. 울상이 된 아씨는 구석구석 다시 뒤져 보았지만 아무도 나타나지 않았어요. 그러자 아씨는 그만 울음을 터뜨리고 말았어요.

슬픔에 잠겨 있던 일곱 동무는 잠자던 아씨가 울고 있는 모습을 보고는 깜짝 놀랐어요.

"아씨가 왜 저러지?"

"무서운 꿈을 꾸고 있나 봐."

"불쌍하다. 어서 깨워주자."

"휴우~ 꿈이였네."

잠에서 깬 빨강 두건 아씨는 안심하며 말했지요.

"애들아, 내가 잘못했어. 너희들 하나하나 모두가 소중하다는 걸 모르고 있었어. 우리들 중에서 누구 하나라도 없으면 일이 될 수 없는데 말이야."

빨강 두건 아씨와 일곱 동무는 서로 바라보며 수줍게 웃었어요.

그 뒤로 아씨와 일곱 동무는 더욱 신이 나서 일하게 되었어요.

에헤라 좋다 얼씨구나 좋아라
일곱 동무 다 모였네
에헤라 좋다 얼씨구나 좋아라
일곱 동무 다 모였네

앞으로 아씨방에는 더 멋있고 예쁜 옷들이 탄생하겠죠?

15 나는 커다란 털북숭이 곰이다

1) 제작

활동유형: 동화

교구제작 순서

1. 막대인형 만들기

1) 14×8cm 크기에 맞추어 EVA 5T를 2개 자르고 붙인다.
2) 붙인 EVA의 중심을 5cm 깊이로 판다.
3) 파 놓은 공간에 아크릴 막대를 붙인다.
4) 인물의 옷, 장신구 등을 펠트지로 잘라 붙인다.
5) 등장인물의 옆면을 펠트지로 자른다.
6) 인형의 앞, 뒤, 옆을 버튼홀스티치한다.
7) 위와 같은 방법으로 인형을 만든다.

2. 동화의 표지 만들기

1) 갈색 원단으로 곰의 얼굴을 오려 놓은 뒤, 0.5cm씩 끝을 접어 바느질한다.
2) 하드보드지의 가운데에 잘라 놓은 갈색 원단을 붙인다.
3) 하얀색, 초록색, 갈색, 검정색 펠트지를 사용하여 곰의 얼굴을 완성한다.
4) 초록색 머메이드지로 '난 커다란' 글자, 갈색 모루로 '털북숭이' 글자, 갈색 펠트지로 '곰이다' 글자를 오린다.
5) 오린 글자들을 하드보드지의 위쪽에 붙여 표지를 완성한다.

3. 동화 각 장면 만들기

1) 54×39cm의 하드보드지 6장을 준비한다.
2) 각 장마다 어울리는 배경으로 쓰일 파스텔 색을 칠한다.
3) 각 장마다 들어갈 책상 등을 여러 지류를 사용하여 입체적으로 보이도록 잘라 붙인다.

4) 위와 같은 방법으로 동화 장면 배경을 6장 만든다.

4. 동화 장면 테두리 감싸기

1) 2cm 두께로 검은색 접착 펠트지를 자른다.
2) 접착 펠트지를 하드보드지의 가장자리에 감싼다.

2) 활용

활동교육계획안

생활주제: 나와 가족 **연령:** 만 5세

활동유형: 동화 **활동명:** 나는 커다란 털북숭이 곰이다

자료: '나는 커다란 털북숭이 곰이다' 표지 외 동화 장면 6장, 동화 틀, 막대인형 7개

활동목표

- 동화책을 듣고 현실에서 이루지 못한 자신의 감정을 해소한다.
- 바른 태도로 동화를 감상한다.

활동내용

1. 동화책 표지를 보며 유아들과 이야기 나눈다.

- 곰이 나오는 동화책을 읽어 본 친구가 있니?
- 선생님이 오늘 들려 줄 동화책의 주인공을 보여줄게. (곰인형을 보여주며) 오늘 들려줄 동화책의 주인공인 곰이 무엇을 할까?
- 곰이 나오는 이 동화의 제목은 무엇일까?
- (제목을 보여주며) 글을 읽을 수 있는 친구들은 선생님과 함께 제목을 읽어 보자.
- 제목을 읽어보니 어떤 내용일 것 같니?
- 예상한 내용이 맞는지 한 번 잘 들어보자.

2. 동화를 듣는다.

3. 동화를 듣고 내용을 회상한다.

- 동화를 잘 들어 보았니?
- 곰이 된 한스가 누구누구를 만났니?
- 동화 속 주인공 한스는 곰이 되어 어디를 가 보았니?
- 곰이 된 한스는 무엇을 하였니?
- 곰이 된 한스가 자동차를 타고 가다가 구덩이에 빠진 트럭을 보았을 때는 어떻게 하였니?
- 친구들이 커다란 털북숭이 곰이 된다면 무엇을 해보고 싶니?

– 곰이 되어 ○○을 해본다면 어떤 기분이 들 것 같니?

4. 동화를 듣고 느낀 점을 이야기 나눈다.

– 오늘 선생님이 어떤 동화책을 들려주었지?
– 친구들은 동화에서 어떤 내용이 재미있었니?
– 동화 속 어떤 내용이 제일 기억에 남니?
– 선생님이 이 동화책과 막대인형을 언어 영역에 두도록 할게. 동화를 더 읽어 보고 싶은 친구는 자유선택활동시간에 가서 자유롭게 놀이해보도록 하자.

5. 차시활동을 예고한다.

– 다음 시간은 점심시간이야.
– 동화 속 곰이 되었다고 생각하고 곰처럼 뒤뚱뒤뚱 걸어 화장실에 가 손을 닦아보자.

동화 내용 첨부

나는 커다란 털북숭이 곰이다

엄마가 나를 화나게 하거나, "수프 먹어! 식탁에서 팔꿈치 치워! 다리 떨지마! 신발은 그새 또 벗었니?" 하고 말할 때마다 나는 일어나서 말해.

"수리수리 마수리, 난 커다란 털북숭이 곰이다."

이제 난 나가야겠어! 나는 커다란 학교로 가. 1학년 1반에 있는 내 친구 페터 프레제를 데리고 와야 하거든.

"교장선생님, 오늘은 더워서 쉬어야 해요. 오늘은 수업을 안 해야 한다고요. 아시겠어요?"

내가 커다란 털북숭이 곰이라 교장 선생님도 나를 무서워하시는군. 그리고 나는 페터 프레제를 만나.

"페터 프레제, 내가 뭘 하면 좋을지 말해봐."

"자동차들을 전부 세워."

우린 차가 많은 시내로 가.

"아저씨 모자를 당장 나한테 주세요. 자동차들이 모두 나를 따르게. 내가 교통정리를 해야 해요!"

교통경찰 아저씨도 나를 무서워하시는 모양이군. 하긴 내가 엄청 크니까. 당연해.

자동차 운전자들이 내려서 말해.

"아 제발 가게 해주세요. 집으로 가야 해요."

"저녁을 먹어야 해요."

"안 돼요. 자동차는 공기를 더럽히고, 할머니 할아버지가 도로를 건널 수 있게 모두 멈춰야 해요."

그러자 교통경찰 아저씨가 말해. "제발 모자를 돌려주세요. 안 그럼 경위님께 혼나요."

"안 돼요. 운전자들이 내 말을 듣게 하려면 모자가 필요해요. 모두 내 말을 들어요. 난 커다란 털북숭이 곰이니까."

"너 운전도 할 수 있어? 가자, 우리 빨간 자동차를 사서 네가 운전도 할 수 있는지 좀 보자!"

"아니, 우리 파란 자동차를 사자."

우리는 자동차 판매장으로 들어가.

"판매원 아저씨, 여기 이 자동차가 마음에 들어요. 이걸 사겠어요."

"빨간 자동차 말입니까?"

"아니, 파란 자동차요. 값이 얼마지요?"

"선생님께는 공짜입니다. 이렇게 커다란 털북숭이 곰님께서 저희 고객이 되시는 건 저희 회사에 큰 영광이니까요. 그런데 운전은 할 줄 아시죠?"

"당연하죠. 난 운전할 줄 알아요. 얘는 내 친구 페터 프레제예요. 같이 탈 거예요. 페터 프레제, 우리는 이제 출발하자."

"잘 타십시오. 커다란 곰 선생님. 또 다시 찾아주세요!"

우리는 이제 자동차를 타고 여행을 떠나지.

"야호 신난다."

"우와 재밌다."

차를 타고 가다가 강이 나오면, 내가 어떻게 할지 아니? 난 우리 힘껏 들어서 우리 차를 들어서 강 건너로 옮길 거야. 뒤에서 페터 프레제가 날 도와줄 거야. 당연해.

그리고 우리가 구덩이가 빠진 트럭 옆을 지나게 되었어.

"모두 옆으로 비켜요. 페터 프레제, 넌 내 차 옆에서 기다려."

그리고 나는 혼자서 있는 힘을 다해 무거운 트럭을 구덩이에서 빼낼 거야. 당연해.

이제 여섯시가 되었어.

"페터 프레제, 엄마가 기다리고 계실거야. 넌 이제 집으로 가. 그리고 숙제하는 거 잊지 마. 이 자동차는 네가 가져도 돼. 난 내일 훨씬 큰 자동차를 얻을 수 있을거야. 그런데 차들은 너무 시끄럽고 고약한 냄새를 풍겨. 그러니 네가 이 차를 가져. 빨리 달리고 싶으면 페달을 밟아야 해. 운전할 수 있겠지?"

그러고 나서 난 내 여자 친구 푸티에게 가. 나는 푸티에게 멋지게 입맞춤을 해 줘. 그러고는 푸티에게 내가 오늘 한 일을 다 이야기해.

"우아, 넌 정말 커다란 털북숭이 곰이구나."

하지만 난 한스이기도 해.

16 고요한 나라를 찾아서

1) 제작

활동유형 : 동화

교구제작 순서

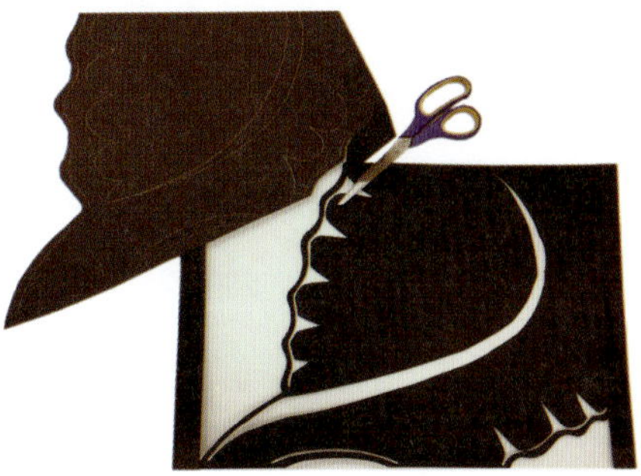

1. 장면 만들기

1) 필요한 장면을 동화책 삽화를 기반으로 하여 연필이나 볼펜 등으로 스케치한다.
2) 스케치가 끝난 장면을 칼이나 가위를 사용해 오린다.
3) 등장인물이 등장할 때의 동선을 상상하며 추가적으로 더 오린다.

2. 등장인물 손잡이 달기

1) 셀로판지를 붙여 코팅한 등장인물 아래에 등장인물을 조작할 수 있도록 아크릴 막대를 달아준다.
2) 아크릴 막대는 그림자 틀에 대보고 틀 아래로 튀어나오지 않는 길이에서 절단한다.

3. 그림자 틀 제작하기

1) 폼보드 1장과 하드보드지 2장을 60×50cm 크기로 자르고 위아래로 붙인다.
2) 40×30cm의 직사각형을 뚫는다.
3) 폼보드 1장과 하드보드지 2장을 30×50cm 크기로 자르고 위아래로 붙인다.
4) 40×30cm의 직사각형을 뚫는다.
5) 위의 폼보드와 하드보드지 3장을 경첩으로 잇는다.
6) 트레싱지 1장을 45×35cm 크기로 잘라 뚫린 부분에 붙인다.

2) 활용

활동교육계획안

생활주제: 나와 가족 **연령:** 만 4세
활동유형: 동화 **활동명:** 고요한 나라를 찾아서
자료: 그림자 동화(틀, 등장인물), 표지장, 손전등, 스피커

활동목표

- 가족의 부재에 따른 그리움에 대해 안다.
- 그림자 동화를 직접 조작한다.
- 우리 가족을 소중하게 여긴다.

활동내용

1. 교사를 소개한다.

– 안녕, ○○반. 우리는 ○○반 선생님처럼 좋은 유치원 선생님이 되기 위해 준비하고 있는 학생 선생님이야.
– 우리가 동화에 대해 열심히 공부하던 중에 우리 ○○반에게 꼭 들려주고 싶은 동화가 있어서 여기 유치원에 왔어.
– (동화 표지 장면을 보여주며) 선생님이 오늘 들려줄 동화의 표지를 보여주도록 할게.
– 선생님이 동화의 제목을 읽어줄 텐데 글자를 읽을 수 있는 친구들은 같이 읽어보도록 하자.
– 이 동화는 문지나 작가님이 쓰신 '고요한 나라를 찾아서'라는 동화야.
– 이 동화를 알고 있는 친구가 있니?
– 이 동화를 알고 있는 친구들도 있고 처음 들어보는 친구들도 있구나.

2. 동화책을 소개한다.

– 선생님들이 ○○반에게 그림자를 이용해서 '고요한 나라를 찾아서'라는 동화를 들려주도록 할게.
– 그림자 동화는 불을 켜도 볼 수 있지만 불을 껐을 때 더 예쁘고 잘 볼 수 있는 동화야.
– 선생님이 이제부터 불을 끌 텐데 혹시 무서운 친구가 있으면 선생님한테 말

해주도록 하자.

– (불을 끈 상태로) 불을 껐는데 무서운 친구가 있니?

3. 동화를 듣는다.

– ㅇㅇ반, 상자 안에 무엇이 들어있을까?

– 너희들이 말해준 것들이 들어있는지 계속 이야기를 들어보도록 하자.

4. 동화를 듣고 난 후 동화에 대해 이야기 나눈다.

– 오늘 우리가 어떤 동화를 들어보았지?

– 그래. ‘고요한 나라를 찾아서’라는 동화를 들어보았지.

– 동화를 들을 때 어느 장면이 기억에 남니?

– 동화를 들으면서 또 다른 장면이 기억나는 친구들이 있니?

– 우리 ㅇㅇ반 친구들이 동화를 잘 들어주어서 동화를 준비해 온 선생님들은 정말 기뻐.

– 그런데 ㅇㅇ반, 선생님들이 이제 또 다른 동화를 공부하러 가봐야 할 것 같아. 오늘 동화를 잘 들어주어서 정말 고마워. 안녕~

동화 내용 첨부

고요한 나라를 찾아서

장례식장에 다녀온 준이와 윤이가 엄마께 물었어요.

준 – "아빠는 어디 계세요?"

엄마 – "아빠는 아주 먼 나라로 가셨어. 그곳은 고요한 나라란다."

준 – "멀고 고요한 나라라고요?"

엄마 말씀을 들은 준이와 윤이는 말했어요.

윤 – "오빠, 우리 아빠한테 편지를 쓰자."

준이와 윤이가 편지를 다 쓰자 신기한 일이 일어났어요.

윤 – "어? 우리가 쓴 편지가 창밖으로 날아가!"

준 – "편지는 어디로 간 걸까?"

윤 – "우리 편지를 따라가 보자."

준이와 윤이는 편지를 따라 길을 나섰어요. 그때 어디선가 버스 한 대가 다가오더니 준이와 윤이 앞에서 멈춰 섰어요.

준 – "고요한 나라로 가는 버스인가 봐."

윤 – "아저씨, 이 버스 고요한 나라로 가나요?"

기사 아저씨는 빙그레 웃었어요.

준 – "윤이야, 우리 버스를 타고 가보자."

준이와 윤이는 버스에 올라탔어요. 한참을 달리던 버스가 멈췄어요.

준 – "윤이야, 저기 좀 봐. 저기 우체통이 있어!"

윤 – "우리가 쓴 편지가 저 우체통에 들어있진 않을까?"

부엉이 – "준이야, 윤이야. 너희 앞으로 소포가 왔단다."

친절하신 부엉이 아저씨가 소포를 건네 주셨어요.

준, 윤 – "고맙습니다. 부엉이 아저씨."

준 – "소포 안에 뭐가 들어있을까?"

윤 – "아빠가 우리에게 보내신 건 아닐까?"

준 – "어? 소라껍데기가 들어있네?"

윤 – "오빠, 소라껍데기가 점점 커져!"

준 – "저 안에 우리가 쓴 편지가 있을지도 몰라."

소라 동굴로 들어간 준이와 윤이는 곧 동굴 끝에 다다랐어요. 언젠가 본 듯한 곳이었어요.

윤 – "여기서 아빠 냄새가 나는 것 같아."

준 – "우리 아빠가 여기 계신 걸까?"

그때 살랑살랑 따뜻한 바람이 속삭였어요.

아빠 – "준이야, 윤이야, 사랑해."

그곳은 정말 평화롭고 고요한 나라였어요. 어디선가 커다란 부엉이가 날아왔어요.

"준이야, 윤이야. 이제 집에 가야 할 시간이야. 내가 너희를 집으로 데려다 줄게."

준이와 윤이는 커다란 부엉이의 등에 타서 엄마가 계신 집으로 돌아갔어요. 집으로 돌아온 준이와 윤이는 오랜만에 아주 깊고 달콤한 잠에 빠졌어요.

17 무지개 물고기

1) 제작

활동유형: 동극

교구제작 순서

1. 역할 조끼 만들기

1) 검정색 펠트지를 43×86cm로 잘라 반을 접는다.
2) 목과 어깨부분이 들어갈 수 있도록 동그랗게 잘라준다.
3) 양쪽에 단추를 달고 뒤편에는 단춧구멍을 내어 버튼홀스티치한다.
4) 곡선 부분은 검정색 천을 말아 덧대어 박음질한다.

2. 역할인형 만들기

1) 펠트지 두 장을 겹쳐 도안을 그리고 잘라 버튼홀스티치한다.
2) 솜을 넣어주고 조끼에 고정할 수 있도록 위아래 대각선으로 검정색 고무줄을 단다.
3) 고무줄의 크기에 맞게 조끼에 검정색 단추를 단다.

3. 배경돗자리 만들기

1) 파란색 펠트지 두 마를 겹친다.
2) 미역, 바위, 산호초는 펠트지에 도안을 그리고 두 장을 겹쳐 잘라 버튼홀스티치를 하고 철사를 넣어 고정시킨다.
3) 파란색 펠트지 두 장 중 한 장에 칼집을 내어 구성물을 통과시키고 글루건으로 고정시킨다(철사는 구성물의 크기에 맞게 충분히 설 수 있도록 넣고 구성물의 아래에 철사를 U자로 나오게 하여 파란색 펠트지 사이로 넣어 글루건으로 고정시킨다).

4) 구성물을 다 넣으면 파란색 펠트지를 글루건으로 붙이고 가장자리는 박음질 한다.

4. 구연용 동화자료 만들기

1) 도안을 그리고 펠트지 두 장 사이에 하드보드지를 넣어 버튼홀스티치로 바느질 한다.
2) 뒷면은 벨크로의 거친 부분을 붙이고 앞면은 글루건으로 눈과 비늘 등을 붙여 마무리한다.

2) 활용

활동교육계획안

생활주제: 유치원과 친구 **연령:** 만 4세
활동유형: 동극 **활동명:** 무지개 물고기
자료: 동화자료, 등장인물 조끼, 배경돗자리, 역할표, 시작 종

활동목표

- 친구 사이에 지켜야 할 예의가 있음을 안다.
- 친구와 사이좋게 지내는 방법을 말할 수 있다.
- 동극에 즐겁게 참여한다.

활동내용

1. 친구와 다투었던 경험에 대해 이야기 나눈다.

   – 유치원에서 친구와 다투어 본 적이 있니?
   – 싸운 친구와는 어떻게 화해했니?
   – 화해했을 때의 기분은 어떠했니?

2. '무지개 물고기' 동화를 듣는다.

저 멀리 깊고 푸른 바다 속에 무지개 물고기 한 마리가 살고 있었어요.
무지개 : 나는 이 바다에서 가장 아름다워. 이 은빛 비늘 때문이지.
파란 : 우와, 무지개 물고기야. 정말 아름답다.
친구 : 얘, 무지개 물고기야. 이리 와서 우리랑 같이 놀자.
무지개 : 흥.
파란 : 무지개 물고기야. 나에게 반짝이 비늘 하나만 줄래?
무지개 : 내 비늘을 달라고? 싫어! 저리 비켜!
파란 : 너무해!
친구 : 무지개 물고기야, 나에게 반짝이 비늘 하나만 줄래?
무지개 : 싫어! 저리 비켜!
친구 : 흥.
무지개 : 얘들아, 나랑 같이 놀자.
친구, 파란 : 너랑은 안 놀아!

무지개 : 왜 아무도 나를 좋아하지 않는 걸까?
다른 물고기들이 떠나가 버렸어요.
그때 불가사리 아저씨가 다가 왔어요.
불가사리: 무지개 물고기야, 슬퍼하지 마. 산호초 뒤에 사는 문어 할머니가 널 도와줄 거야.
무지개 물고기는 동굴을 찾아갔어요.
무지개 : 문어 할머니 계세요?
문어 : 널 기다리고 있었단다. 무지개 물고기야.
무지개 : 문어 할머니, 아무도 나를 좋아하지 않아요.
문어 : 너의 반짝이 비늘을 친구들에게 하나씩 나누어 주거라. 그럼 너는 아름다운 물고기가 되지는 못하겠지만. 지금보다 훨씬 행복해 질 거야.
그 말을 남기고 문어 할머니는 사라져 버렸어요.
무지개 : 내 비늘을 나눠주라고? 싫어!
그때 파란 꼬마 물고기가 다시 나타났어요.
파란 : 무지개 물고기야, 화내지마. 나는 반짝이 비늘 한 개만 갖고 싶었을 뿐이야.
무지개 : 음… 그래, 한 개 쯤이야.
파란 : 무지개 물고기야, 정말 고마워!
무지개 물고기는 조금 속상했지만 그래도 괜찮았어요.
얼마 뒤 다른 물고기들도 무지개 물고기를 찾아왔어요.
친구 : 무지개 물고기야! 나에게도 반짝이 비늘 하나만 줄래?
무지개 : 그래, 여기!
마침내 무지개 물고기에게는 반짝이 비늘이 딱 하나만 남았어요.
무지개 물고기는 가장 아끼는 보물을 나누어 주었지만 무척 행복했어요.
친구 : 무지개 물고기야 이리와. 우리랑 같이 놀자.
무지개 : 그래 친구들아!
무지개 물고기와 친구들은 사이좋게 지냈답니다.

3. 동화내용을 회상한다.

- '무지개 물고기'에는 누가 나왔니?
- 물고기들이 무지개 물고기에게 은빛 비늘을 달라고 할 때 무지개 물고기는 뭐라고 말했니?

4. 동극에 필요한 약속을 정한다.

5. 역할을 정한다.

6. 동극을 진행한다.

7. 친구 사이의 예의에 대해 이야기 나누고 활동을 마무리한다.

- 만약 우리가 무지개 물고기라면 은빛 비늘을 달라는 친구들에게 어떻게 말할 수 있을까?
- 또 친구들과 사이좋게 지내려면 어떻게 해야 할까?

18 봄나들이

1) 제작

활동유형: 동시

교구제작 순서

1. 배경 틀 만들기

1) 5T 폼보드를 38×26cm 크기로 4개 자른다.
2) 5T 폼보드를 1cm로 잘라 1)의 아래에 붙인 뒤 시트지로 1)과 함께 감싼다.
3) 밑판용으로 10T 폼보드를 50cm의 정사각형으로 2개 자른다.
4) 3)의 크기만큼 구멍을 낸다.
5) 머메이드지로 3)을 감싸고 시트지로 한 번 더 감싼다.
6) 할핀으로 두 밑판을 고정한다.

2. 배경 만들기

1) 흰색 펠트지를 60×30cm 크기로 잘라 배경 A, B를 만든다.
2) 하늘색, 연두색, 초록색 펠트지를 사용하여 하늘과 동산 모양으로, 노란색, 분홍색, 연두색 펠트지를 사용하여 기린, 토끼, 코끼리를 만들어 바느질한다.
3) 노란색 펠트지를 사용하여 개나리를 자르고, 연두색 펠트지로 씨앗과 풀잎을 만든다.
4) 갈색 펠트지로 나무, 땅 주머니를 만들고 분홍색 펠트지로 벚꽃잎을 만든다.
5) 황토색 펠트지로 만든 씨앗을 땅 주머니에 바느질한다.

3. OHP필름에 동시 인쇄하기

1) OHP필름에 동시를 인쇄한다.
2) 인쇄한 OHP필름을 한 번 코팅한다.
3) 위 1cm를 남겨두고 가로 4cm, 14cm 부분에 펀치를 사용하여 구멍을 뚫는다.

4. 배경 틀과 배경 연결하기

1) 펠트지로 완성한 배경을 배경 틀에 바느질한다.
2) 장면4와 장면1이 맞물리는 자리에 각각 단추와 줄을 달아서 벌어지는 틈이 없도록 고정시킨다.
3) 각 장면의 가장 왼쪽부터 4cm, 14cm 자리에 구멍을 뚫어 쇠고리로 배경과 OHP필름을 고정시킨다.

2) 활용

활동교육계획안

생활주제: 봄 **연령:** 만 4세

활동유형: 동시 **활동명:** 봄나들이

활동목표

- 봄에 볼 수 있는 자연환경의 변화를 안다.
- 봄의 변화에 대한 자신의 생각과 느낌을 말할 수 있다.
- '봄나들이' 동시를 다양한 방법으로 읊는 것을 즐긴다.

활동내용

1. 유치원에 오면서 보았던 주변의 모습에 대해 회상한다.

– 선생님이 오늘 유치원에 오는 길에 여러 가지 사진을 찍어왔는데 다같이 볼까?
– 어떤 모습들이 보이니?
– 너희들은 어떤 모습들을 보았니?

2. 나비의 손인형으로 동네에 있는 봄의 모습에 대한 유아의 흥미를 유발한다.

– ○○반 친구들처럼 우리 동네에서 여러 가지를 보았다고 어떤 친구가 ○○반 친구들에게 이야기해 주고 싶다고 찾아왔대.

> 얘들아, 안녕! 나는 현주야. 봄이 되면 말이야, 내 친구들, 바로 나비들도 날아다니고, 개나리도 피어난단다. 그리고 씨앗도 파릇파릇 새싹을 틔우지. 그럼 우리 함께 봄나들이 가자. 약속!

– 누구의 편지였니?
– 나비가 어떤 이야기를 해 주었니?
– 나비가 들려준 이야기처럼 봄이 되면 우린 나들이를 나가 볼 수 있는 모습이 있단다. 이 이야기를 동시로 들어보자.

3. 동시 매체로 '봄나들이' 동시를 배경음악과 함께 들려준다.

봄나들이

따뜻한 봄이 오면
봄나들이 가요.

개나리가 활짝 피어나면
봄나들이 가요.
나비가 훨훨 날면
봄나들이 가요.

씨앗이 방긋 싹티우면
봄나들이 가요.

4. 동시 '봄나들이'에 대한 느낌과 내용에 대해 이야기 나눈다.

- 동시를 들어보니까 어떤 느낌이 드니?
- 왜 그런 느낌이 들었니?
- 동시에서 아름답다고 생각한 부분은 어디니?
- 반복되는 부분은 어떤 부분이니?
- 동시의 제목은 무엇이었니?
- '봄나들이' 동시에 무엇이 나왔니?
- 언제 나들이를 가자고 했니?
- 이 모습들은 모두 언제 볼 수 있는 모습일까?
- ○○반 친구들은 동시의 말 중에서 어떤 표현이 가장 재미있게 느껴지니?

5. 동시판으로 '봄나들이' 동시를 읊는다.

- 이제 우리 다같이 '봄나들이' 동시를 읊어보려고 해요.
- 처음에는 나누어서 읊어보려고 해요. 어떻게 나누어서 읊어볼 수 있을까요?
- 동시를 읊을 때 지켜야 할 약속은 어떤 것이 있을까?

1) 교사와 유아가 나누어 읊는다.
- ○○반 친구들은 어느 부분을 읊고 싶니?
- 이번에는 바꾸어서 읊어볼까?

2) 유아와 유아로 나누어 읊는다.
- 이제 ○○반 친구들끼리 나누어서 읊어볼 거야. 어떻게 나누어서 읊어볼까?
- 앞줄에 있는 친구들은 어느 부분을 읊어보고 싶어요?
- 이번에는 바꾸어서 읊어볼까?

3) 교사가 배경음악과 함께 동시를 읊어준다.
- 이제 선생님이 마지막으로 다시 들려 줄거야. 이번에는 어떤 내용이었는지 어떤 느낌이 나는지 잘 생각해보면서 동시를 들어보도록 하자.

6. 동시 '봄나들이' 활동에 대한 평가를 한다.

- 오늘 선생님과 ○○반 친구들이 무엇을 해보았니?
- 선생님과 동시를 감상하고 읊어보았는데 어땠니?
- 무엇을 할 때가 가장 재미있었니?
- 어떤 말이 가장 재미있었니?
- 봄에 볼 수 있는 모습들은 어떤 것들이 있었니?
- 봄이 되어 보고 싶은 모습 중에 어떤 모습이 가장 보고 싶니?

7. 다음 활동에 대해 안내한다.

- 다음에는 어떤 동시를 감상해보고 싶니?
- 오늘 본 동시판은 언어 영역에 놓아 둘테니 친구들과 함께 읊어보도록 하자.
- 화장실에 가고 싶은 친구는 먼저 나가고, 개나리를 좋아하는 친구부터 줄 서도록 하자.

Memo

음악활동

1 건너가는 길

1) 제작

활동유형: 새노래 배우기

교구제작 순서

1. 노랫말판 만들기

1) 글자를 프린트하여 검은색 펠트지에 시침핀으로 고정시킨 뒤 가위로 자른다.
2) 우드락본드를 이용하여 배경과 자른 펠트 글자를 붙인다.
3) 글자를 배경판에 우드락본드로 붙인다.
4) 가사판 앞에 벨크로를 동그란 모양으로 자른 뒤 글루건으로 고정한다.
5) 하드보드지를 파란색 펠트지 안에 넣고 테두리를 버튼홀스티치한다.

2. 신호등 만들기

1) 하드보드지를 원 모양으로 자른다.
2) 락카를 이용하여 상자를 검정색으로 색을 칠한다.
3) 상자의 아래에 기둥용 상자는 위에 원 모양 구멍을 뚫는다.
4) 신호등의 옆면에 2cm 두께의 구멍을 뚫는다.
5) 신호등 고정 핀을 만들어 옆면의 구멍에 고정한다.
6) 하드보드지 위에 셀로판지를 마스킹테이프로 고정한다.
7) 신호등 앞면 모서리를 전기테이프로 마무리한다.
8) 하드보드지를 탁구채 모양으로 자른 뒤 손잡이를 마스킹테이프로 마무리한다.

3. 손인형 만들기(필요 시 제작)

1) 도안대로 천을 자른 뒤 홈질로 인형의 몸, 옷, 손, 발을 완성한다.
2) 머리를 이을 때 공그르기하여 인형을 완성한다.
3) 뜨개실로 머리를 만들어 실로 고정한다.

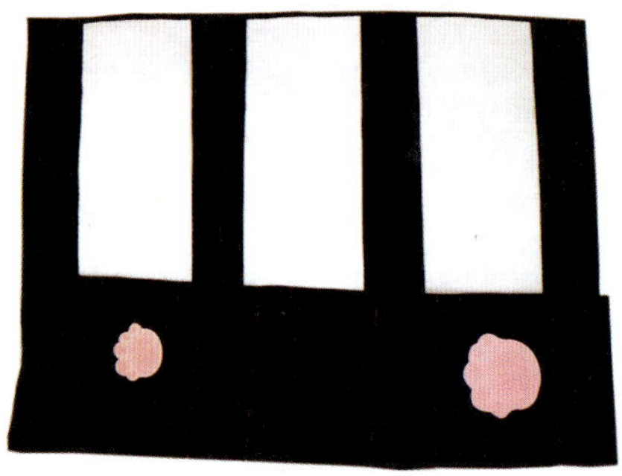

4. 횡단보도 만들기

1) 검정색 옥스퍼드 천을 90×90cm로 자른 뒤 테두리를 홈질한다.
2) 흰색 펠트지를 잘라 검정색 천과 박음질하여 붙인다.
3) 미끄럼 방지 스티커를 붙여 완성한다.

2) 활용

활동교육계획안

생활주제: 교통기관　　**연령:** 만 3세
활동유형: 새노래 배우기　　**활동명:** 건너가는 길

활동목표

- 길을 안전하게 건너가는 방법에 대해 안다.
- '건너가는 길' 노래를 정확한 음으로 부를 수 있다.
- 교통안전 규칙의 중요성을 느낀다.

활동내용

1. 손인형의 이야기를 듣고 이야기 나눈다.

– 오늘 우리 반을 찾아온 친구가 있어.

(덜덜 떨리는 목소리로)
안녕 친구들~ 나는 보보라고 해, 나는 오늘 친구들하고 재미있게 놀고 싶어서 유치원에 찾아오게 되었어.
교사: 그런데 보보야, 혹시 무슨 일이 있었니? 목소리가 계속 떨려.
보보: 그게…, 오늘 유치원으로 오다가 사고가 날 뻔 했어요.
교사: 왜 사고가 날 뻔 했니?
보보: 제가 건너오는 길에 신호등이 빨강색이었는데 막 뛰어가다가 차와 부딪힐 뻔 했어요.
교사: 정말 큰 사고가 날 뻔 했구나. 몸은 괜찮니?
보보: 네. 그런데 다음에 또 길을 건너가다가 사고가 날 것 같아서 너무 무서워요. 그래서 우리 반 친구들이 제가 사고가 나지 않도록 길을 건너는 방법을 알려주었으면 좋겠어요. 친구들 나를 도와줄 수 있니?

– 보보가 오늘 어떤 일이 있었니?
– 우리 친구들 중에서도 길을 건너가다가 사고가 날 뻔 한 적이 있니?
– 그래서 보보가 사고가 나지 않도록 어떤 부탁을 했니?
– 어떻게 하면 쉽게 알려줄 수 있을까?

– 오늘은 '건너가는 길'이라는 노래를 부르면서 길을 건너는 방법에 대해 알아보도록 하자.

2. 노래를 들어본다.

– 선생님이 오늘 '건너가는 길'이라는 노래를 준비해 왔어.
– 모두 잘 들어보도록 하자.
– 모두 잘 들어 보았니? 이번에는 노래가사를 읽어볼 거야.

3. 음을 듣고 한 음으로 부르며 익힌다.

– 이번에는 선생님이 음만 피아노로 쳐 보도록 할게. 잘 들어보자.
– 한 소리로 음을 따라 불러보면 어떨까?
– 선생님이 컵과 막대를 준비해 왔어. 무엇이 보이니?
– 컵 안에는 세 개의 막대가 보이는 구나 막대에는 어떤 글자가 적혀있니?
– 빨, 노, 초 신호등에 있는 세 가지 색의 이름이 적혀있구나.
– 이 막대를 이용해서 어떻게 부를 수 있을까?

4. 노랫말로 나누어 부른다.

– 이번에는 노랫말로 불러 볼 건데, 어떻게 불러보면 좋을까?
– 동그란 모양의 스티커가 보여. 이 두 개의 스티커는 어떤 부분이 다르니?
– 빨간색과 초록색으로 색이 다르구나. 그러면 이 색깔이 다른 스티커를 이용해서 어떻게 노래를 부를 수 있을까?
– 빨강색 스티커가 붙여진 곳은 선생님이 초록색 스티커가 붙여진 곳에는 친구들이 불러보도록 하자.
– 이번에는 다함께 처음부터 끝까지 노랫말로 불러보도록 하자.

5. 다양한 방법으로 노래를 불러본다.

– 이 두 가지 스티커의 어떤 점이 다르니?
– 이 크기가 다른 스티커를 이용해서 어떻게 노래를 부를 수 있을까?
– ○○이의 말처럼 큰 스티커 부분은 크게, 작은 스티커는 작게 불러보자. 스티커를 앞에 나와서 붙여줄 친구가 있니?

– 모두 알맞은 곳에서 노래를 힘차고 약하게 잘 불러주었어.

6. 활동을 회상한다.

– '건너가는 길'이라는 노래를 불렀지. 노래를 어떻게 불러 보았지?
– 노래를 크게도 불러보고 한 글자로만도 불러 보았구나.
– 선생님이 우리가 횡단보도를 건널 때의 신호등을 가지고 왔어, ㅇㅇ이가 말해준 것 말고도 무엇이 보이니?
– 빨강색에는 멈춰있는 사람이 초록색에는 걸어가고 있는 사람이 보이는 구나. 그러면 우리는 노래에 나왔던 것처럼 초록색에서 건너도 될까?

6
Chapter

미술활동(감상)

1 가을 풍경 퍼즐

1) 제작

활동유형: 자유선택활동(수 · 조작 영역)

교구제작 순서

1. 퍼즐 틀 만들기

1) 검은색 폼보드를 A4와 같은 크기로 2장 자른다.
2) 1장은 그대로 두고, 나머지 1장은 3cm를 바깥쪽에 남기고 안쪽을 자른다.
3) 자르지 않은 폼보드를 밑에, 테두리만 남은 폼보드를 위에 올린 후 모양이 어긋나지 않도록 붙인다.

2. 퍼즐 조각 만들기 I

1) 퍼즐 틀 안 크기에 맞게 폼보드를 자른다(또는 틀 제작 시 테두리만 남기고 자른 폼보드 그대로 사용 가능).
2) 자른 폼보드 크기에 맞추어 명화의 크기를 편집하고 출력한다.
3) 잘라놓은 폼보드와 출력한 명화를 딱풀을 이용하여 붙인다.

3. 퍼즐 조각 만들기II

1) 사용할 유아의 수준에 맞춰 퍼즐 조각 수를 계획하고 자른다(유아 연령이 어릴수록 퍼즐 수가 적어야 하고, 퍼즐 조각 형태도 단조로워야 한다).

4. 퍼즐 조각 시트지 감싸기

1) 퍼즐 조각의 견고성을 높이기 위해 시트지로 감싼다(조각끼리 맞닿는 면의 공간이 남지 않도록 붙여야 한다).
2) 명화가 붙여진 앞면을 먼저 감싸고, 남은 부분은 뒤로 보낸 후 퍼즐 조각과 같은 모양으로 자른 시트지를 뒷면에 붙여준다.

2) 활용

활동교육계획안

생활주제: 봄, 여름, 가을, 겨울 **연령:** 만 4세
활동유형: 수·조작 **활동명:** 명화퍼즐
자료: 명화자료, 퍼즐판, 퍼즐 조각

활동목표

- 가을 풍경이 담긴 명화를 감상한다.
- 전체와 부분을 이해하고 퍼즐 조각을 맞출 수 있다.
- 함께 활동에 적극적으로 참여한다.

활동내용

1. 지난 시간 이야기주제에 대해 이야기 나눈다.

– 지난 시간 가을의 풍경에 대해 이야기 나누었어. 어떤 모습을 볼 수 있었니?
– 가을의 모습을 느낄 수 있는 여러 명화에 대해 알아보자.
– 어떤 모습이 보이니? 무엇이 느껴지니?

2. 명화 퍼즐을 탐색한 후 소개한다.

– 이 조각 속 그림이 무엇으로 보이니?
– 어떤 명화 속 부분 그림일까?
– 명화를 어떻게 완성해볼 수 있을까?
– 각 명화 속 가을 풍경을 기억하여 가을 풍경이 담긴 명화를 퍼즐로 완성해 보자.

활동 방법

1. 가을 풍경이 담긴 명화를 감상하며 각 명화의 특징을 이해한다.
2. 퍼즐 조각과 명화를 비교하며 퍼즐 조각의 위치를 파악한다.
3. 퍼즐 틀 안에 조각을 넣으며 완성한다.
   - 수준 조절이 가능하도록 퍼즐 틀 안에 명화가 들어있는 것과 없는 것을 따로 제작하여 유아들이 선택하여 활동할 수 있도록 한다.

3. 교구를 정리하고, 퍼즐에 대해 평가한다.

- 활동이 끝난 후에는 어떻게 정리해야 할까?
- 오늘 활동을 하면서 재밌었던 점이 있니?
- 이 교구는 어느 영역에 두면 좋을까?

7 Chapter

게임

1 고리던지기

1) 제작

활동유형: 게임

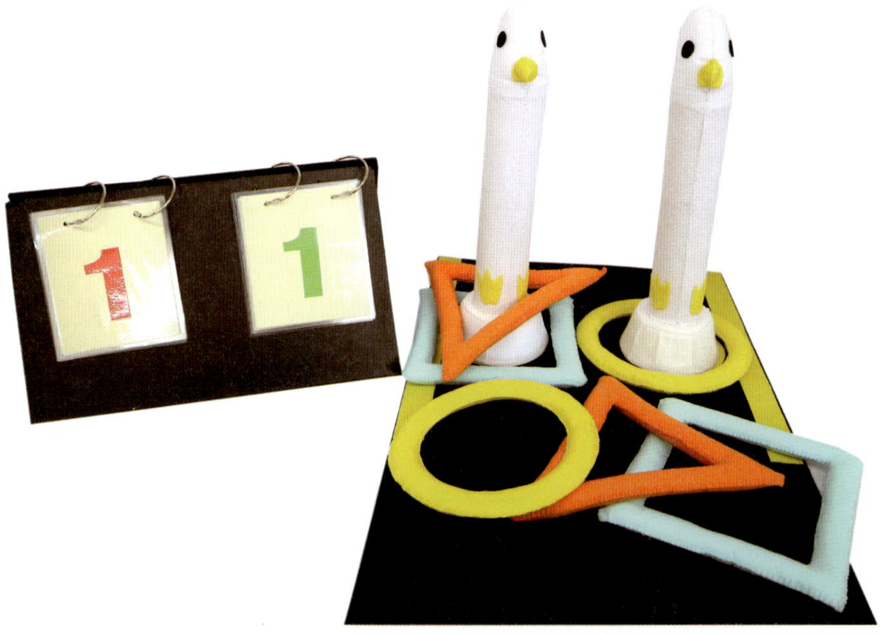

교구제작 순서

1. 고리 만들기

1) 펠트지를 한 변이 20cm인 정사각형, 지름이 20cm인 원형, 한 변이 25cm인 정삼각형으로 자른다.
2) 고리의 두께를 3.5cm로 그린 다음 안쪽 부분을 자른다.
3) 두 장을 겹쳐서 바깥 테두리를 버튼홀스티치로 바느질한 후에 안쪽 테두리를 동일한 방법으로 바느질하면서 솜을 넣는다(바느질할 때는 실을 당겨가며 촘촘하게 하고 휘어지지 않도록 솜을 최대한 많이 넣는다).

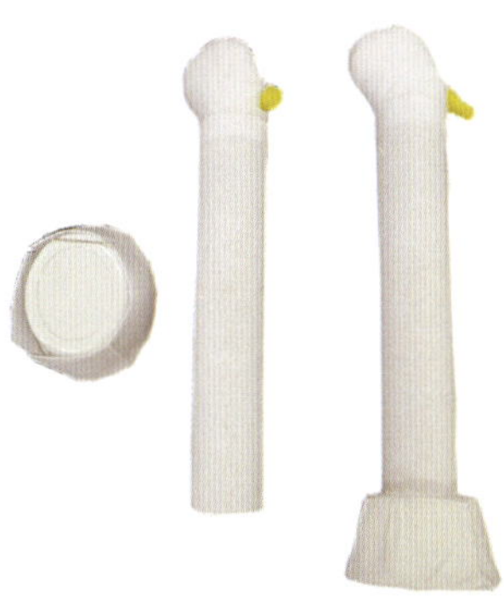

2. 오리 기둥 만들기

1) 흰색 펠트지로 오리 얼굴 모양, 노란색 펠트지로 오리의 부리 모양을 자른다.
2) 부리 도안을 오리 도안에 먼저 바느질하고 오리 얼굴 도안을 버튼홀스티치하며 솜을 넣어 바느질한다. 이때 심지와 연결할 부분은 바느질하지 않는다.
3) 심지에 맨 윗부분에 양면테이프를 붙이고 바느질한 오리 머리의 둘레를 심지 위쪽에 붙이고 아래쪽에 심지와 동일한 크기의 하드보드지를 붙인다.

3. 점수카드와 점수판 만들기

1) 숫자를 초록색과 빨간색 색지로 자른 뒤 네모 모양의 색지에 풀로 붙여 코팅한다.
2) 탁상달력을 검은색 시트지로 감싸거나 하드보드지에 칼집을 넣어 세모 모양으로 접히도록 만든 후 검은색 시트지를 붙여 점수판을 만든다.

4. 게임판 만들기

1) 게임판의 바닥의 길이를 정하고 정사각형 모양으로 하드보드지를 6장을 자른 뒤 양면테이프를 이용해 하드보드지를 2장씩 붙인다.
2) 하드보드지 사이에 5~7mm의 간격을 두고 양면테이프를 이용해 펠트지 한 장으로 한 번에 붙인 뒤 나머지 면도 펠트지를 붙인다.
3) 고리기둥 놓을 곳을 꾸민다.
4) 게임판을 고정할 끈을 만든 뒤 벨크로로 고정한다.

2) 활용

활동교육계획안

생활주제: 동식물과 자연 **연령:** 만 4세

활동유형: 게임 **활동명:** 고리 던지기

자료: 고리 12개(□, △, ○ 고리 각 4개씩), 고리 기둥 2개, 점수판, 카드링 4개, 점수카드 12장(빨간색 숫자카드, 초록색 숫자카드 1~6까지 각 6장씩), 게임판

활동목표

- 여러 모양의 고리를 던져서 고리걸기를 할 수 있다.
- 규칙을 지키며 게임활동에 즐겁게 참여한다.

활동내용

1. 오리의 편지를 듣고 게임에 대해 소개한다.

– 선생님 책상에 이런 편지가 놓여 있었어. 우리 반 친구들에게 온 편지 같아. 선생님이 친구들에게 이 편지를 들려줄게.

> 안녕 친구들! 나는 동물원에 살고 있는 오리야. 우리 동물원에는 정말 많은 동물들이 살고 있어. 많은 동물들 중에는 키가 엄청 큰 기린, 등의 혹이 멋진 낙타, 검정색 깃털이 아름다운 타조, 뿔이 아름다운 사슴도 있단다. 그런데 기린, 낙타, 타조, 사슴 이 네 동물 모두가 예쁜 목걸이를 하고 있어. 나도 다른 동물 친구들처럼 예쁜 목걸이를 갖고 싶어. 친구들이 나의 목에 예쁜 목걸이를 걸어줄 수 있겠니? 부탁할게!

– 오리가 우리에게 어떤 부탁을 했지?
– 우리가 게임을 통해 오리의 목에 예쁜 목걸이를 걸어서 오리에게 선물해 주자.

2. 고리 던지기 교구를 보며 게임 방법에 대해 이야기 나눈다.

– 어떤 것들이 보이니?
– 이 교구는 어떻게 게임하는 것일까?
– 이 게임을 할 때 한 번에 몇 명이서 놀이하면 좋을까?
– 고리는 몇 개씩 던지면 좋을까?

3. 고리 던지기 게임의 규칙을 정한다.

– 게임을 하는 친구들이 지켜야 하는 규칙에는 무엇이 있을까?
– 선생님이 점수판을 준비해왔어. 어떻게 했을 때 점수를 주는 것이 좋을까?
– 규칙을 지키지 않고 게임을 하는 친구는 어떻게 하면 좋을까?
– 규칙을 지켜서 게임을 하는 친구에게 점수를 주도록 하자.

게임 방법

1. □, △, ○ 모양의 고리를 각각 2개씩 들고 고리를 던지는 기준선을 넘어가지 않게 선다.
2. 자신의 앞에 있는 고리 기둥에 고리를 던져 고리 기둥에 고리를 통과시킨다.
3. 고리 한 개당 1점씩이며 규칙을 지키지 않을 시에는 점수가 무효하다.
4. 고리를 더 많이 넣어 높은 점수를 얻으며 게임에서 이긴다.

4. 고리 던지기 게임을 한다.

5. 고리 던지기 게임에 대해 평가한다.

– 오늘 우리가 어떤 활동을 했니?
– 고리 던지기 게임의 규칙에는 어떤 것들이 있었지?
– 고리 던지기 게임을 하면서 어떤 점이 가장 재미있었니?
– 게임을 하면서 어려웠던 점이 있었니?

2 볼링게임을 해요

1) 제작

활동유형: 게임

교구제작 순서

1. 볼링핀 도안 만들기

1) 볼링핀 도안을 끝이 뾰족하게 해서 색깔별로 4개씩 만든다(끝이 뾰족해야 꿰맸을 때 빈틈이 없음).
2) 도안에 붙일 번호표를 만든다.

2. 볼링핀 완성하기

1) 페트병 도안 네 면을 모두 버튼홀스티치한다(윗부분 끝까지 하지 않고 어느 정도 남겨두고 한다).
2) 페트병(코카콜라 병이 적절함) 밑부분을 칼로 자른 후 페트병을 도안 사이에 끼고 솜을 윗부분부터 채워 윗부분을 버튼홀스티치한다(솜을 빵빵하게 채워야 견고하다).
3) 아랫부분도 채워주고 페트병 안에 방울을 넣어 바닥도 버튼홀스티치한다.

3. 게임용 받침대와 정리상자 겉면 만들기

1) MD를 정사각형으로 6개 자른다.
2) 접착 펠트지 위에 세로로 4개를 붙이고 가로로 왼쪽 하나, 오른쪽 하나를 붙인다(MD의 두께만큼 틈을 주고 붙이는 것이 좋다. 그리고 펠트지가 두 장 겹치는 부분에 띠를 만들어 주는 것이 좋다).

4. 게임판 내부 만들기

1) 정리상자를 펼친 상태에서 접히는 끝부분에 글루건을 이용하여 펠트지를 레드카펫처럼 붙여주면 게임판이 된다.
2) 펠트지 위에 동그라미 10개를 만들고 붙여 볼링핀 자리표를 만들어준다.

2) 활용

활동교육계획안

생활주제: 건강과 안전 **연령:** 만 4세
활동유형: 신체(대근육) **활동명:** 볼링 게임을 해요
자료: 볼링핀, 볼링공, 게임판 겸 정리함, 점수판

활동목표

- 게임 규칙을 안다.
- 볼링공으로 볼링핀을 쓰러뜨릴 수 있다.
- 게임에 즐겁게 참여한다.

활동내용

1. 지난 시간의 활동에 대해 회상한다.

- 지난 시간에 공을 이용하는 여러 가지 게임들을 알아보았지.
- 그 게임들 중에서 한 가지를 준비해왔어.

2. 볼링 게임 교구를 보고 이야기 나눈다.

- 글자를 읽을 수 있는 친구들은 다 같이 상자에 쓰여 있는 글자를 읽어보도록 하자.
- 우리가 지난 시간에 배웠던 볼링 게임이야. 그럼 이 상자 안에는 무엇이 있을까?
- 갈색의 천을 펼치면 어떤 모습이 될 것 같니?
- 파랑색 동그라미 열 개가 보이는구나.
- 통이 몇 개 있는지 세어 보도록 하자.

3. 볼링 게임의 방법에 대해 이야기 나눈다.

- 볼링 게임은 어떻게 하는 것이었지?
- 볼링핀은 어디에 놓으면 좋을까?
- 갈색 천에 있는 동그라미에 1부터 앞에서부터 순서대로 놓도록 하자.
- 우리가 볼링공을 굴려서 볼링핀을 쓰러뜨려야 하는데 볼링공을 어디서 굴리

면 좋을까?

4. 규칙을 정한다.

– 우리가 볼링 게임을 재미있게 하기 위해서 어떤 약속을 할 수 있을까?
– 볼링공을 굴릴 때 선 밖에서 굴려야겠다.
– 친구들이 순서를 지키며 볼링공을 굴려야겠다.
– 볼링공을 굴린 친구가 어떻게 해야 다음에 볼링공을 굴릴 친구가 편하게 공을 굴릴 수 있을까?

게임 방법

1. 볼링 게임 상자를 연다.
2. 갈색 천을 펼친다.
3. 볼링핀을 갈색 천 위에 있는 파랑색 동그라미에 올려놓는다.
4. 갈색 천 끝에서 볼링공을 굴려 볼링핀을 쓰러뜨린다.
5. 볼링공을 굴린 사람은 다음 사람이 굴리기 편하게 볼링핀을 세워놓고 자리로 들어간다.
6. 1개에서 5개를 쓰러뜨리면 1점, 6개에서 10개를 쓰러뜨리면 2점을 주는 방식으로 먼저 30점을 모은 팀이 승리한다.

5. 볼링 게임을 실시한다.

6. 볼링 게임에 대해 평가한다.

– 볼링 게임을 하면서 재미있었던 점이 있는 친구가 있니?
– 볼링 게임을 하면서 아쉬운 점이나 어려웠던 점이 있는 친구가 있니?

8
Chapter

신체활동

1 나비가 되어보아요

1) 제작

활동유형: 신체표현

교구제작 순서

1. 나비 손인형 만들기

1) 검정색 펠트지에 나비 날개가 반으로 나뉜 모양 4개와 나비의 몸통 모양 4개의 도안을 그려 오린다.
2) 나비 몸통 모양 펠트지를 2개씩 버튼홀스티치를 하면서 솜을 넣는다.
3) 나비 날개 모양에 나비 무늬를 그려 칼로 판다.
4) 칼로 판 부분에 맞추어 여러 가지 색의 펠트지를 우드락본드로 붙인다.
5) 나비 날개에 우드락본드가 붙은 안쪽 부분을 하얀색 펠트지로 덮어 양면테이프로 붙인다.
6) 완성된 나비 날개를 몸통 사이에 넣어 4개를 모두 꿰맨다.
7) 6에서 만든 것의 윗부분을 버튼홀스티치 한다.
8) 아랫부분에 교사의 손이 들어갈 공간을 남기고 꿰맨다.

2. 머리띠와 나비 날개 옷 만들기

• 머리띠 만들기

1) 플라스틱 머리띠에 연두색 모루를 감아 글루건으로 붙인다.
2) 머리띠의 가운데에 노란색 폼폼 3개를 글루건으로 나란히 붙인다.
3) 두꺼운 초록색 EVA를 더듬이 모양으로 2개 자르고, EVA를 순간접착제로 초록색, 노란색 순서로 번갈아 붙여준다.
4) 더듬이 주위에 연두색 모루로 둘러 글루건으로 붙여주어 애벌레 머리띠를 완성한다.

• 나비 날개옷 만들기

1) 노란색 펠트지에 나비 날개 모양을 2개 그리고, 연주황색 펠트지에는 나비 모양보다

작게 나비 모양을 그려 자른다.

3) 노란색 펠트지로 다른 모양과 크기의 원 12개, 연주황색 펠트지로 같은 모양과 크기의 원 4개를 자른 후, 연주황색 날개 모양 펠트에 박음질한다.
4) 노란색 펠트지로 날개 양옆에 꿰맬 끈 모양을 4개 자른 후 2개씩 박음질한다(끈의 길이는 유아가 어깨에 메었을 때 여유가 있도록 주의한다).

3. 잎사귀 카펫과 번데기 주머니 만들기

• 잎사귀 카펫

1) 1마 크기의 초록색 펠트지에 앞서 자른 잎사귀 모양보다 작게 잎사귀 모양의 도안을 그려 자른 후 양 옆에 삼각형 모양으로 4개의 홈을 내어 자른다.
2) 손바닥 사이즈의 동그라미 3개를 연두색 펠트지에 그려 자른다.
3) 초록색 잎사귀에 연두색 동그라미 3개를 박음질한다.
5) 초록색 잎사귀 모양과 연두색 잎사귀 모양을 박음질하여 잎사귀 카펫을 완성한다.

• 번데기 주머니

1) 유아들이 들어갈 만한 크기보다 큰 크기의 갈색 천 2개를 번데기 모양으로 자르고, 천을 조금씩 잡아 박음질로 번데기의 주름을 6개 만든다.
2) 만든 2개의 천의 긴 한쪽 면을 제외하고 박음질한다.
3) 한쪽 면에 지퍼를 달아주어 번데기 주머니를 완성한다.

4. 매직도어 만들기

1) 폼보드를 매직도어 모양으로 2개 자른 후 반으로 나누어준다.

2) 폼보드를 두 개씩 양면테이프로 붙이고, 초록색 마스킹테이프를 붙인다(마스킹테이프를 붙일 때 겹치지 않고, 여백이 남지 않도록 붙인다).
3) 두 개의 매직도어 대를 바닥에 놓고 양 쪽에 접착 벨크로를 붙인다.
4) 매직도어 받침대를 만든다. 직사각형 모양의 과자 상자의 윗부분에 직사각형의 구멍을 내고 안쪽 면과 바깥 면 모두 하드보드지를 덧대어 양면테이프로 붙인다.

2) 활용

활동교육계획안

생활주제: 동식물과 자연 **연령:** 만 5세

활동유형: 신체표현 **활동명:** 나비가 되어보아요

자료: 나비의 성장과정 동화 그림자료, 나비의 성장과정 영상, 잎사귀 카펫, 애벌레 머리띠, 번데기 주머니, 나비 날개옷, 애벌레 매직도어, 번데기 매직도어, 나비 매직도어, 배경음악, 뾰로롱 소리

활동목표

- 나비의 성장과정에 대해 안다.
- 나비가 자라는 모습을 몸으로 표현할 수 있다.
- 신체활동에 적극적으로 참여한다.

활동내용

1. '배고픈 애벌레' 동화내용을 회상하고 관련 영상을 시청한다.

- 동화에서 애벌레가 어떻게 변했는지 기억나는 친구가 있니?
- 지난 시간에 친구들이 알이 나비로 변하는 과정을 몸으로 표현해보고 싶다고 말해주었어. 그래서 오늘은 우리가 다 같이 나비가 되어 볼 거야.
- ('나비의 성장과정' 영상을 보여주며) 친구들이 나비로 변하는 모습을 더 잘 표현할 수 있도록 동영상을 준비해왔어.

2. 교구를 이용하여 알, 애벌레, 번데기, 나비의 움직임을 탐색한다.

- 몸을 움직일 때 옆 친구와 부딪히지 않도록 자리를 좀 더 넓혀보자.
- 처음에 나비는 어떤 모습이었지?
- 알은 몸으로 어떻게 표현해볼 수 있을까?
- 동글동글한 알에서는 무엇이 나왔었지?
- 애벌레는 어떻게 표현해볼 수 있을까?
- 잎사귀를 먹고 자란 애벌레는 번데기가 되었었지. 번데기는 어떻게 표현할 수 있을까?
- 번데기 옆에 지퍼가 있네? 지퍼를 열고 주머니 속에 들어가서 번데기를 표

현해볼 수 있지 않을까?

- 오랜 시간 잠을 자다가 세상으로 나온 나비는 어떻게 표현해 볼 수 있을까?
- 매직도어가 보이지. 매직도어에는 무엇이 붙어 있니?
- 매직도어에는 애벌레도 붙어있고, 번데기도 붙어있고, 나비도 붙어있구나. 이 인형들을 왜 매직도어에 붙여놓았을까?

3. 활동에 필요한 약속에 대해 이야기 나눈다.

- 이제 선생님이 들려주는 이야기에 맞춰 나비가 되어 볼 건데, 활동을 더 안전하게 하기 위해서 지켜야 할 약속에는 어떤 것들이 있을까?

4. 이야기에 맞추어 신체표현을 한다.

- 음악과 이야기 중간에 "뾰로로롱" 소리가 3번 날거야. 이 소리가 나면 친구들이 무엇을 하면 좋을까?

어? 저게 뭐지? 푸르른 잎사귀 위에 동글동글 작은 알들이 옹기종기 모여 있어요. 어어? 기우뚱 기우뚱 알이 움직여요! 알에 톡톡 금이 가기 시작했어요. 저게 뭐지? 꿈틀꿈틀 알에서 애벌레가 나오고 있네요! (매직도어) 애벌레는 잎사귀를 야금야금 먹기 시작했어요. 먹고, 먹고, 또 먹고. 애벌레는 서서히 잠이 와요. (매직도어) "아함~ 졸려." 애벌레는 몸을 웅크리고 잠을 자기 시작했어요. 애벌레는 번데기가 되어 깊은 잠에 들었어요. 새근새근 쿨쿨. 친구들! 모두 조용히 해주세요. 번데기가 잠에서 깨겠어요. 쉿! 투두둑 투두두둑. 이게 무슨 소리죠? 저길 보세요. 번데기에 금이 가고 있어요. 번데기에서 무언가가 나오고 있네요. (매직도어) 번데기에서 노란색 날개를 활짝 핀 나비가 나왔어요! 나비는 기뻐서 하늘을 훨훨 날아다녀요. 나비는 신이 나서 더 높이, 높이 날았어요. 한참을 날아다니던 나비는 휴식을 취하려 꽃잎 위에 사뿐히 앉았답니다. 이야기 끝~

5. 활동을 회상하며 평가한다.

- 나비가 자라는 모습을 어떤 순서로 표현해 보았지?
- 오늘 표현한 것들 중에 가장 기억에 남는 움직임이 있니?

3

Part

영역별 교재·교구의 제작 및 활용

Chapter 9

역할 영역

1 샌드위치

1) 제작

활동유형: 자유선택활동(역할 놀이 영역)

교구제작 순서

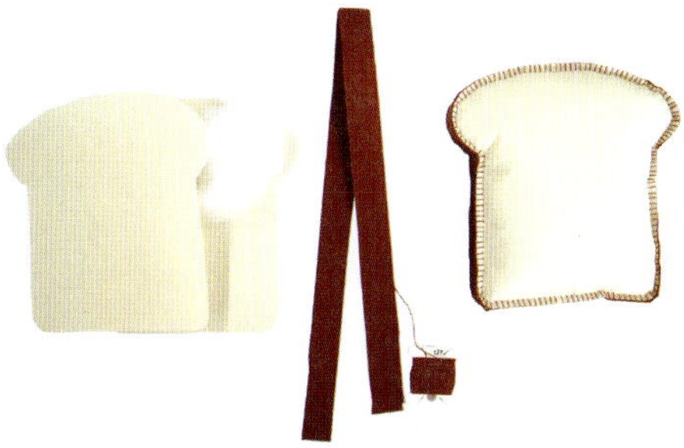

1. 빵 만들기

1) 아이보리색 펠트지와 갈색 펠트지를 52×2.5cm 크기로 자른다.
2) 솜을 넣어 펠트지 전용실(t27)로 버튼홀스티치를 한다.

2. 샌드위치 재료 준비하기

1) 치즈는 노란색 펠트지를 모양대로 2장 자른 후, 솜을 넣어 펠트지 전용실(t08)로 버튼홀스티치를 한다.
2) 토마토, 베이컨, 양상추, 계란은 도안대로 자르고, EVA 원단은 2개 겹쳐 펠트 도안보다 1cm 작게 자른 후, 이것들을 시침핀으로 고정시켜 버튼홀스티치를 한다.

3. 샌드위치 재료 완성하기

1) 베이컨은 주황색과 갈색 펠트지를 홈질하고, 그 위에 EVA 고정시켜 버튼홀스티치 한다.
2) 양상추는 연두색, 초록색을 양면으로 하여 잎맥을 시침질한다.

4. 메뉴판 만들기

1) 메뉴판을 식빵 모양으로 자른다.
2) 하드보드지를 사이에 넣고 붙인다.
3) 메뉴판 안에 넣을 재료(계란, 치즈, 베이컨, 양상추, 토마토) 도안과 샌드위치 종류 이름과 가격을 출력하여 코팅한다.

2) 활용

활동교육계획안

생활주제: 우리 동네　　**연령:** 만 4세
활동유형: 역할 놀이 영역　　**활동명:** 샌드위치
자료: 모형(빵, 계란, 치즈, 토마토, 베이컨, 양상추, 소스), 샌드위치 봉지, 놀이용 돈, 메뉴판

활동목표

- 가게 주인과 손님의 역할에 어울리는 말을 할 수 있다.
- 메뉴판을 보고 주문한 음식 값을 계산할 수 있다.
- 샌드위치 가게 놀이에 즐겁게 참여한다.

활동내용

1. 샌드위치를 먹어 본 경험에 대해 이야기 나눈다.

– 샌드위치를 먹어 본 적이 있니?
– 어떤 샌드위치를 먹어 보았니?
– 어떤 샌드위치를 가장 좋아하니?
– 우리도 샌드위치를 만들어볼까?

2. '샌드위치 가게' 메뉴판을 탐색한다.

– 이 샌드위치 메뉴판 안에는 무엇이 있을까?
– 너희들이 말해준 것들이 있는지 함께 보도록 하자.
– 샌드위치 속 재료와 메뉴가 보이는구나.
– 샌드위치 메뉴에는 무엇 무엇이 있니?
– 치즈 샌드위치, 베이컨 샌드위치, 토마토 샌드위치, 계란 샌드위치, 토마토 베이컨 샌드위치가 있구나.

3. '샌드위치 가게'의 놀이 방법을 알아본다.

– 베이컨 샌드위치에는 샌드위치 속 재료 중 무엇이 들어갈까?
– 여기 샌드위치 속 재료들을 준비해왔어.

- 선생님이 먹고 싶은 베이컨 샌드위치를 만들어볼게.
- 먹고 싶은 샌드위치를 만들어 볼 친구 있니?
- 우리가 만든 샌드위치를 파는 건 어떨까?
- 샌드위치를 팔 때 무엇이 필요하지?
- 돈이 필요하겠구나. 그럼 여기 준비된 놀이용 돈을 사용하도록 하자.

4. '샌드위치 가게' 놀이에 필요한 역할에 대해 알아본다.

- 샌드위치 가게 놀이를 하려면 어떤 역할이 있어야 할까?
- 샌드위치를 팔 가게 주인이랑 샌드위치를 사러 올 손님이 필요하겠구나.

5. '샌드위치 가게' 놀이를 위해 필요한 것들을 알아본다.

- 샌드위치 가게 놀이를 하려면 무엇이 더 필요할까?
- 샌드위치 가게 간판이랑 쿠폰, 식탁과 의자 같은 게 더 필요하겠구나.
- 필요한 것들은 쌓기 영역과 미술 영역에 가서 자유롭게 만들어서 가게를 꾸며보도록 하자.

6. '샌드위치 가게' 만들기에 대해 이야기 나눈다.

- '샌드위치 만들기'를 해보았는데 어떤 점이 재미있었니?
- '샌드위치 가게' 놀이를 할 때 돈 계산이 어렵지는 않았니?

2 소방관 놀이

1) 제작

활동유형: 자유선택활동(역할 놀이 영역)

교구제작 순서

1. 소방 조끼 만들기

1) 45×90cm 크기의 조끼 도면을 그린 후 자른다(유아의 신체 사이즈를 고려하여 조절한다).
2) 조끼에 두를 노란색 띠를 두께 4.5cm로 자른다.
3) 119 마크를 그린 후 자른다.
4) 조끼 위에 띠와 마크를 대고 박음질한다.
5) 빨간색 리본을 2~2.5cm 넓이로 목, 팔, 여닫는 부분 등에 박음질하여 덧댄다.

2. 소방 모자 만들기

1) 10×12cm 크기의 아치형 모자 도면을 그린 후 6개 자른다.
2) 같은 색펠트지에 반원 모양 모자 챙을 그린 후 자른다.
3) 회색 펠트지를 사다리꼴 모양으로 자른다.
4) 119 마크를 그린 후 자른다.
5) 순서 1)의 조각 6개를 겉면이 만나도록 하여 한 조각씩 박음질하여 이은 후 모자를 뒤집는다(꿰맬 때 잘린 선에서 여유를 둘수록 완성한 모자가 작아지니 유의한다).
6) 모자챙을 모자에 꿰매 연결한다.
7) 방화모 천을 모자 안쪽에 겹친 후, 돌려가며 박음질 한다.
8) 모자 앞부분에 119 마크를 꿰맨다.

3. 소화기 만들기

1) 1.5L 페트병에 빨간색 락카 스프레이를, 빨래집게에 검정색 락카 스프레이를 뿌린다(얇게 칠하되, 3~5회 반복한다. 겉면의 락카 스프레이가 벗겨질 수 있으므로 니스 스프레이로 마무리한다).
2) 페트병의 뚜껑 부분에 검정색 마스킹테이

프로 감은 20cm 길이의 백업을 연결한 후, 검정색 백업 끝에 4cm의 노란색 백업을 붙인다(백업에 감은 마스킹테이프의 끝부분이 떨어지지 않도록 순간접착제를 이용하여 붙인다).

3) 검정색 빨래집게의 안쪽과 페트병 뚜껑 윗부분을 드라이버를 사용하여 못으로 함께 박는다.

4. 불, 연기 배경판 만들기

1) 연기는 검정색 펠트지를 1마의 2/3 크기로, 회색 펠트지를 검정색 펠트지 크기보다 작게 구름 모양으로 자른다.
2) 검정색과 흰색 펠트지를 잘라 함께 바느질한다(배경을 접었을 때 울지 않도록 펴면서 꿰매도록 한다).
3) 만들어진 배경판 위에 보슬이를 8개 박음질한다.
4) 빨간색 펠트지를 불 모양으로 동일하게 2개 자르고 조금 작게 노란색 펠트지를 불 모양으로 1개 자른다.
5) 불의 앞면에 노란색 불 모양 펠트지를 감침질한다.
6) 불의 뒷면에 까슬이를 박음질하여 붙인다.

2) 활용

활동교육계획안

생활주제: 건강과 안전 **연령:** 만 5세

활동유형: 게임 **활동명:** 소방관 놀이

자료: 전화기, 소방관 전화 녹음, 소방관 사진자료, 소방관 옷, 모자, 소화기, 배경판, 불 모형, 유니바, 바구니, 주머니, 노란 공, 초록 공, 노란 선, 초록 선, 사이렌 소리, 점수판, 보드마카

활동목표

- 소방관의 역할에 대해 안다.
- 신체를 조절하여 장애물을 건널 수 있다.
- 규칙을 지키며 게임활동에 즐겁게 참여한다.

활동내용

1. 소방관에게 온 전화를 받고 이야기 나눈다.

– 우리 반에 전화가 왔어. 누구에게 온 전화인지 받아보도록 하자.

> 콜록 콜록. 친구들~ 나는 ○○소방서에서 일하는 소방관이야.
> 지금 동네에 불이 나서 우리 소방관들이 불을 끄고 있는데, 소방대원이 부족해. 혹시 너희가 얼른 와서 불 끄는 것을 도와줄 수 있니?

– 누구에게 온 전화였니?
– 소방관이 우리에게 뭐라고 말했니?
– 동네에 불이 났는데, 친구들이 불 끄는 것을 도와줄 수 있냐고 물어보았지?

2. 불과 관련된 이전 경험에 대해 이야기 나눈다.

– 우리 지난 시간에 소방관이 하는 일에 대해 알아보았어.
– 소방관은 어떤 일을 했었지? (사진자료)
– 소방관을 돕기 위해서는 우리가 이 사진들 중에 어떤 일을 할 수 있을까?

- 실제 해 볼 수는 없지만 오늘 우리는 소방관을 도와 불을 빨리 끄기 위한 불끄기 게임을 해 볼까 해.

3. 게임 도구를 탐색하며 게임 방법을 알아본다.

- 소방관이 불을 끄기 위해서 필요한 것에는 무엇이 있을까?
- 여기 이 상자 안에 소방관이 불을 끄기 위해 필요한 것들이 들어있어.
- 불로부터 소방관을 지켜줄 옷, 모자, 그리고 불을 향해 뿌리는 소화기가 있어.
- 우리 친구들이 꺼야 하는 불과 뿌연 연기도 준비해 두었어.
- 이 도구들을 가지고 어떻게 불끄기 게임을 할 수 있을까?
- 우리가 출발하기 전 소방관을 지켜주는 옷과 모자를 입고 준비를 해야겠다.
- 불이 나면 출발 신호로 사이렌이 크게 울릴 거야.
- 사이렌이 울리면 우리는 불이 난 곳으로 가야 하는데, 여기 보이는 것 중 무엇을 챙겨가야 할까?
- (유니바를 보여주며) 불을 끄러 가는 길에는 이런 장애물이 있대.
- 이 장애물을 어떻게 넘어볼 수 있을까?
- 우리 불은 어떻게 끌 수 있을까?
- 불을 향해 소화기를 뿌리고, 자기가 끈 불은 어떻게 해주면 좋을까?
- (불 모형을 떼며) 이렇게 떼어서 가져오도록 하자.

게임 방법

1. 소방관 모자와 옷을 입고 출발선에 선다.
2. 사이렌이 울리면 소화기를 들고 불을 향해 달려간다.
3. 불을 향해 가는 길에 가는 길에 있는 장애물(유니바)를 넘는다.
4. 장애물을 지나 불이 난 곳에 도착하면 소화기를 이용하여 불을 끈다.
5. 끈 불을 떼어 손에 들고, 다시 장애물(유니바)을 넘어 돌아온다.
6. 돌아와 바구니에 불을 넣는다.

4. 게임을 실시한다.

- 팀으로 게임을 해볼 건데, 팀은 어떻게 나누면 좋을까?
- 팀 이름과 응원구호를 정해볼 거야.
- 응원 구호는 어떻게 하고 싶은지 자유롭게 이야기해 보자.
- 어떤 팀이 약속을 잘 지키면서 먼저 들어왔니?

5. 활동을 회상하며 평가한다.

– 어떤 약속을 지키며 게임을 해보았니?
– 게임을 하면서 재미있던 점(알게 된 점)이 있니?
– 어려웠던 점이 있었다면 어떤 것이 있었을까?
– 혹시 소방관에 대해 더 알아보고 싶은 것이나 해보고 싶은 활동이 있니?
– 우리를 위해 수고하시는 소방관에게 하고 싶은 말을 편지로 써서 보내보도록 하자.

10
Chapter

수·조작 영역

1 여러 가지 과일꼬치 패턴

1) 제작

활동유형: 자유선택활동(수 · 조작 영역)

교구제작 순서

1. 과일 도안 만들기

1) 두꺼운 종이를 이용하여 도안을 만든다.
2) 종이 도안을 이용하여 펠트지에 그린 후 자른다.

2. 과일 모형 만들기

1) 자른 도안의 바깥쪽 가운데에 똑딱이 단추를 먼저 단다.
2) 볼펜 자국이 보이지 않게 볼펜 자국이 있는 쪽 도안을 안쪽으로 넣어서 두 겹을 겹쳐 버튼홀스티치를 한다.
3) 바느질을 70%정도 했을 때 솜을 넣어준다(솜은 가라앉는 것을 감안하여 딱딱해질 정도로 많이 넣어준다).
4) 나뭇잎, 나뭇가지, 수박 줄무늬, 감 껍질 등을 우드락본드로 붙인다.

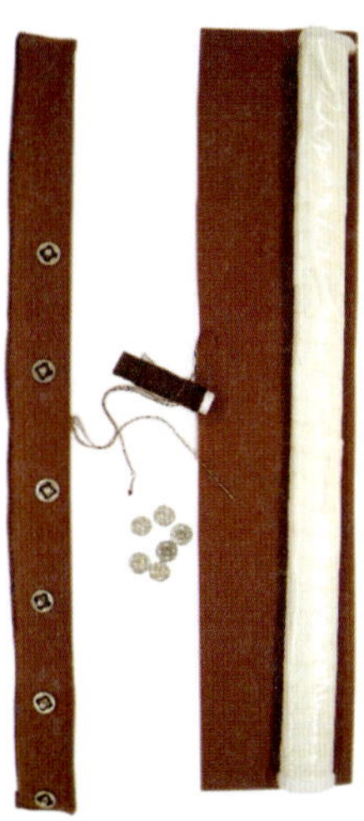

3. 꼬치대 만들기

1) 하드보드지 네 겹을 겹친 후 판솜으로 감싸고 테이프로 감아서 꼬치의 뼈대를 만든다.
3) 갈색 펠트지에 똑딱이 단추를 일정한 간격으로 바느질하여 부착한다.
4) 펠트지 안에 만들어 놓은 뼈대를 넣고 단단하게 바느질한 후, 양면테이프로 안쪽을 한 번 더 고정한다.

4. 패턴판 만들기

1) 색 하드보드지를 일정한 크기로 반듯하게 자른다. 모서리 부분은 둥글게 오린다.
2) 시트지로 하드보드지를 감싼다.
3) 흰색 펠트지를 일정한 크기로 자른 후 붙인다.

2) 활용

활동교육계획안

생활주제: 건강과 안전 **연령:** 만 5세

활동유형: 수 · 조작 영역 **활동명:** 여러 가지 과일꼬치 패턴

자료: 복숭아 모형 10개, 바나나 모형 10개, 감 모형 10개, 사과 모형 10개, 수박 모형 10개, 꼬치 5개, 패턴판 5개, 보관상자

활동목표

- 과일모형으로 다양한 패턴을 구성할 수 있다.
- 다양한 과일꼬치 패턴으로 조작할 수 있다.

활동내용

1. (과일)꼬치를 먹어본 경험에 대해 이야기 나눈다.

– 과일꼬치도 먹어본 적이 있니?
– 과일꼬치는 어떻게 생겼니?
– 선생님이 먹은 과일꼬치는 복숭아–바나나–복숭아–바나나–복숭아–바나나로 끼워져 있었어.
– 이렇게 같은 것이 반복되는 것을 패턴이라고 해.
– 이것 외에도 여러 가지 과일꼬치 패턴을 만들어 볼 수 있을 거야.

2. 교구 활용 방법에 대해 알아본다.

– 어떻게 과일꼬치를 만들 수 있을까?
– 이 교구에는 똑딱이 단추가 달려있어서 꼬치에 과일을 꽂는 대신 과일을 꼬치에 붙이면 돼.

3. 여러 가지 과일꼬치 패턴에 대해 탐색해본다.

– 어떤 순서로 과일을 꼬치에 꽂고 싶니?
– 패턴판을 한 번 보도록 하자. 패턴은 한 가지씩 반복이 되기도 하지만 이렇게 다양하게 반복되기도 해(ababab패턴, abcabc패턴, aabbcc패턴, abbabb패턴, aabaab패턴 등을 소개한다).

- 수박–바나나–수박–바나나–수박 다음에는 무엇이 나와야 될까?
- 복숭아–___–복숭아–감–복숭아–감 패턴이라면 첫 번째 복숭아 다음에는 어떤 과일이 나와야 할까?
- 감–수박–바나나–감–___–바나나 패턴이라면 다섯 번째 과일에는 무슨 과일이 나와야 할까?
- 또 다른 패턴을 만들어 볼 친구 있니?

4. 여러 가지 과일꼬치 패턴 만들기 방법에 대해 이야기 나눈다.

- 활동 방법을 다시 확인하며 과일 패턴을 만들어보자.
- 완성된 것은 무엇을 보며 확인해 보면 좋을까?

5. 정리 방법에 대해 이야기 나눈다.

- 이 교구를 어떻게 하면 오래 잘 쓸 수 있을까?
- 과일꼬치 교구를 어느 영역에 놓으면 좋을까?
- 수 · 조작 영역에 놓아둘 테니 또 패턴을 만들고 싶은 친구들은 자유선택 놀이 시간에 하도록 하자.

2 우리집을 찾아줘

1) 제작

활동유형: 자유선택활동(수 · 조작 영역)

교구제작 순서

1. 동물 모양 만들기

1) A4 크기에 맞게 도안을 그린다.
2) 펠트지를 도안에 맞게 자르고 EVA는 도안보다 0.5mm 작게 자른다(바느질했을 때 울지 않도록 EVA는 간격을 맞춰 자르고, 수 · 조작 영역에서 사용하는 바느질 교구이기 때문에 얼굴보다는 몸을 크게 만든다).

2. 몸통 바느질하기

1) 펠트지 사이에 EVA를 넣어 겹친 후 송곳으로 구멍을 뚫는다.
2) 구멍을 뚫은 뒷부분에 동그라미를 그리고 가위로 오린다.
3) 양쪽 펠트의 구멍을 버튼홀스티치를 한다(숫자 동그라미가 구멍 뚫린 부분의 옆에 들어가야 되기 때문에 동그라미가 들어갈 수 있는 간격을 두고 구멍을 뚫는다).

3. 동그라미와 숫자 붙이기

1) 동그라미로 자른 펠트지에 숫자를 붙인다.
2) 숫자를 붙인 동그라미를 동물의 몸에 붙인다(강력접착제가 묻으면 얼룩이 지기 때문에 동그라미 주변 펠트에 묻지 않도록 주의한다).

4. 배경판 만들기

1) 배경판은 3가지 색의 펠트지를 박음질하여 만든다.
2) 파란색 펠트지 뒷면에 꿰매는 펠트지 바깥쪽에 배경판의 1/3 크기의 펠트지를 한 장 더 박음질하여 바느질용 실을 넣을 주머니를 만든다.
3) 배경판 양쪽 끝에 글루건을 이용하여 단추와 끈을 단다.
4) 동물 뒤에는 벨크로를 붙여 배경판에 붙인다.

2) 활용

활동교육계획안

생활주제: 동식물과 자연 **연령:** 만 4세

활동유형: 수 · 조작 **활동명:** 우리집을 찾아줘

자료: 실 꿰기 동물 9마리, 서식지 펠트판(하늘, 땅, 바다), 실 꿰기용 끈

활동목표

- 1부터 10까지의 수를 안다.
- 관심 있는 동물을 서식지에 따라 분류할 수 있다.
- 소근육을 조절하여 숫자 순서대로 실 꿰기를 할 수 있다.

활동내용

1. 지난 시간에 배운 동물의 서식지에 대해 회상한다.

– 우리 지난 시간에 무엇을 알아보았지?

– 땅이나 바다에 사는 동물도 있고, 하늘을 나는 동물들도 있었지.

2. 교구의 활동 방법에 대해 이야기 나눈다.

– 어떤 동물들이 보이니?

– 이 동물들의 몸에는 무엇이 보이니?

> * 우리집을 찾아줘
> 1. 9마리의 동물 중 원하는 동물을 고른다.
> 2. 판 뒤에 있는 주머니에서 실을 꺼낸다.
> 3. 숫자 순서에 따라 구멍에 앞, 뒤로 번갈아가며 실을 넣는다.
> 3. 실을 다 넣은 후에는 동물을 판 위에 붙인다.
> 4. 다 사용한 후에는 실을 빼어 실은 판 뒤에 있는 주머니에 넣는다.
> 5. 동물은 하늘, 땅, 바다에 맞게 붙인 뒤 접어서 정리한다.

3. 교구를 가지고 시범을 보인다.

– 선생님이 수수께끼를 내볼게.

– '나는 하늘을 날 수 있고 알록달록 여러 가지 색을 가지고 있어요. 나는 누

구일까요?'

4. 활동을 평가하고 교구를 정리한다.

– 우리가 오늘 이 교구에 대해서 알아보았는데, 동물들의 몸에는 어떤 숫자가 있었니?
– 이 동물 친구들은 바느질한 후에 어떻게 정리하면 좋을까?
– 이 교구는 어느 영역에 놓아두면 친구들이 해볼 수 있을까?

3 더하기를 해봐요

1) 제작

활동유형: 자유선택활동(수 · 조작 영역)

교구제작 순서

1. 우유갑 주사위 만들기

1) 7×7cm의 크기로 상자 도면을 그린다.
2) 한 면을 남기고 우유갑을 자른다.
3) 남은 한 면은 뚜껑으로 사용한다.
4) 펠트지는 8×8cm 크기로 자른다.
5) 숫자는 홈질을 하고 펠트지는 버튼홀스티치한다.
6) 압축 솜으로 우유갑을 감싼다.
7) 남은 부분을 버튼홀스티치한다.

2. 숫자 만들기

1) 펠트지를 동그랗게 2장 자른다.
2) 앞면은 우드락본드를 이용하여 숫자를 붙인다.
3) 뒷면은 동그란 모양의 비접착 보슬이를 홈질하여 붙인다.
4) 펠트지보다 1cm 작게 자른 하드보드지를 두 장의 펠트지 사이에 넣고 버튼홀스티치한다.
5) 같은 방법으로 빨강색 6개, 파랑색 6개, 노랑색 11개를 만든다.

3. 더하기 집 만들기

1) 색깔 하드보드지에 굴뚝 크기의 동그란 구멍을 자른다(구멍을 자를 때 피자 모양으로 그린 후 칼을 이용하여 자른다).
2) 폼보드와 하드보드지에 붙인다(지붕을 만들어서 붙일 때 여분의 공간이 필요하기 때문에 폼보드의 양쪽을 0.5cm씩 자른다).
3) 글루건을 이용하여 지붕형태를 만들어 고정한다.

4) 집은 지붕과 다른 색의 하드보드지를 크기에 맞게 자른 후 양면테이프를 이용하여 붙인다.
5) 투명 시트지로 감싸서 마무리한다.

4. 숫자판 만들기

1) 하드보드지를 반으로 자른다.
2) 색지를 코팅한 후에 하드보드지 양 옆에 붙인다.
3) 모서리 부분을 마스킹테이프로 감싼다.
4) 접착 까슬이를 동그란 모양으로 잘라 판에 붙인다.
5) 펠트지를 이용해 숫자판의 제목을 붙인다.
6) 구멍을 3개 뚫은 후 고리를 걸어 두 개의 숫자판을 합친다.
7) 펠트지와 까슬이, 보슬이를 이용해 숫자판을 닫을 수 있는 손잡이를 만든다.

2) 활용

활동교육계획안

생활주제: 나와 가족 **연령:** 만 5세
활동유형: 수 · 조작 **활동명:** 더하기를 해봐요
자료: 주사위 2개(파랑, 빨강), 구슬, 더하기 숫자판, 집 모형
활동목표

- 교구의 사용법을 알고 올바르게 사용한다.
- 구슬의 개수를 세어 덧셈의 결과를 알고 말할 수 있다.
- 친구들과 함께 활동에 적극적으로 참여한다.

활동내용

1. 지난 시간에 들었던 동화에 대해 이야기 나눈다.

– 지난 시간에 우리가 무슨 동화를 들어보았지? 심부름을 한 이슬이가 오늘 우리 친구들에게 고민이 있어서 찾아왔어.
– 이슬이의 이야기를 들어보자.

> 안녕 ○○반 친구들? 나는 이슬이야. 내가 첫 심부름을 다녀온 이야기를 잘 들어보았니? 너무너무 떨리고 무서웠지만 혼자서 끝까지 우유 심부름을 해냈지! 그래서 엄마가 칭찬 스티커 대신에 나에게 구슬을 5개나 주셨어! 그리고 다음 날 내가 장난감을 열심히 정리했더니 이번엔 엄마가 구슬을 4개 주셨어~ 그래서 나는 내 비밀상자에 구슬들을 모두 담았어! 그런데 비밀상자의 열쇠를 잃어버렸지 뭐야. 엄마가 내가 가진 구슬이 몇 개였는지 물어보셨는데 나는 내가 가진 구슬의 수를 알 수가 없어.

– 이슬이가 가진 구슬의 수를 말할 수 있겠니?

2. 더하기 집 교구를 탐색한다.

– 선생님이 더하기를 쉽게 할 수 있도록 이 교구를 가지고 왔어.
– 이 집의 이름은 더하기 집이야.
– 더하기 집에 무엇이 보이니?
– 그래, 굴뚝이 있고, 더하기도 있고, 서랍도 보이는구나.

– 오늘 이 더하기 집을 이용해서 재미있는 더하기활동을 해보도록 하자!

3. 교구를 활용한 더하기활동에 대하여 소개한다.

– 빨강색과 파랑색의 주사위가 있어.
– 빨강, 파랑, 노랑색의 숫자가 있는 숫자판도 가지고 왔어.
– 구슬이 들어있는 상자도 가지고 왔어.
– 주사위를 던져보도록 하자.
– 무슨 숫자가 나왔지?
– 이 숫자를 어디에서 찾을 수 있을까?
– 여기 숫자판에서 빨강색의 숫자를 찾으면 되겠다.
– 이 숫자들을 어떻게 할 수 있을까?
– 그래, 여기 더하기 집에 붙이면 되겠다.
– 이 구슬을 굴뚝에 넣어보도록 하자.
– 너희들이 말해준 것처럼 빨강색 숫자는 빨강 굴뚝에, 파랑 숫자는 파랑 굴뚝에 개수에 맞게 구슬을 넣으면 되겠다.
– 구슬은 어디에 모이게 될까?
– 구슬이 서랍 안으로 들어가는구나. 서랍을 열어서 구슬이 총 몇 개인지 확인해보도록 하자.
– 숫자판에 있는 노랑색 숫자들 중에 구슬의 개수를 찾아서 집에 붙이면 되겠다.

활동 방법

1. 빨강색, 파랑색 주사위를 각각 던진다.
2. 던져서 나온 숫자의 색깔을 숫자판에서 찾아 더하기 집에 붙인다.
3. 나온 숫자에 알맞게 구슬을 각각 맞는 굴뚝에 넣는다.
4. 서랍을 열어 모인 구슬의 개수를 센다.
5. 답에 알맞은 숫자를 노랑색 숫자판에 찾아 더하기 집에 붙인다.

4. 교구를 정리하고, 더하기활동에 대해 평가한다.

– 활동이 끝난 후에는 어떻게 정리해야 할까?
– 숫자들은 색깔에 맞게 순서대로 붙이고, 구슬은 다시 구슬상자에 넣으면 되겠다.
– 오늘 활동을 하면서 재밌었던 점이 있니?
– 이 교구는 어느 영역에 두면 좋을까?

4 이에 좋은 음식, 이에 나쁜 음식

1) 제작

활동유형: 자유선택활동(수 · 조작 영역)

교구제작 순서

1. 그림카드 만들기

1) 노란색 펠트지를 7×10cm로 자른다.
2) 한쪽 면은 펠트지로 음식 그림을 만들어 홈질로 꿰매고, 검은색 펠트지로 글자를 오려 우드락본드로 붙인다.
3) 한쪽 면은 비접착 벨크로로 홈질한다.

2. 음식카드 만들기

1) 음식 그림이 있는 펠트지와 벨크로가 있는 펠트지 사이에 EVA 2T 2장을 넣어 버튼홀스티치한다.

3. 흰 이, 검은 이 만들기 2cm×3cm

1) 이는 흰색, 검은색 펠트지를 2×3cm로 자른 후, 흰색 펠트지에는 흰색 벨크로를, 검은색 펠트지에는 검은색 벨크로를 글루건으로 붙인다.
2) 흰색과 검은색 펠트지를 앞뒤로 하여 그 사이에 1.5×2.5cm EVA 2T 1장을 넣고 버튼홀스티치로 꿰맨다.

4. 얼굴과 상자 만들기

1) 얼굴과 머리카락 도안을 2장 자르고 안에 넣어줄 하드보드지를 자른다.
2) 입 위치를 정한 다음 구멍을 내고, 펠트지 사이에 하드보드지를 넣어 버튼홀스티치 한다.
3) 눈, 코, 입을 꾸며 글루건으로 붙이고, 입에 이를 글루건으로 붙인다.
4) 상자는 접착 펠트지로 감싼 다음 얼굴 도안에 맞게 구멍을 낸 후 상자와 얼굴 도안을 붙인다.

2) 활용

활동교육계획안

생활주제: 건강과 안전 **연령:** 만 5세

활동유형: 수 · 조작 영역 **활동명:** 이에 좋은 음식, 이에 나쁜 음식

자료: 썩은 이와 예쁜 이 사진, 음식 분류판, 궁금이상자, 음식카드, 얼굴상자, 이 모형

활동목표

- 이에 좋은 음식과 나쁜 음식을 분류할 수 있다.
- 몸에 좋은 음식을 선택할 수 있다.
- 교구의 활용 방법에 대해 주의 깊게 듣는다.

활동내용

1. 예쁜 치아, 썩은 치아 사진으로 유아의 흥미를 유발한다.

- 친구들은 어떤 치아를 가지고 싶니?
- 치아가 이 사진처럼 썩게 된다면 어떻게 될까?
- 혹시 이가 아파서 치과에 간 친구가 있니?

2. 지난 시간 배운 이에 좋은 음식과 나쁜 음식에 대해 회상한다.

- 썩은 이를 갖게 하는 나쁜 음식에는 어떤 것들이 있었지?
- 예쁜 치아를 갖기 위해서는 어떤 음식을 먹어야 하는지 기억하는 친구들이 있니?
- 선생님이 저번 시간에 알아본 음식들을 친구들이 더 재미있게 기억할 수 있도록 선생님이 준비해 온 것이 있어.

3. 음식 분류판과 카드를 소개한다.

- 궁금이상자와 판이 있지.
- 판에 뭐라고 써져 있는지 다 같이 읽어볼까? 이에 좋은 음식 그리고 이에 나쁜 음식이라고 써져 있어.
- 이 판을 가지고 우리가 어떻게 놀이할 수 있을까?

– 선생님이 이 궁금이상자에 음식카드를 넣어왔어. 어떤 음식카드들이 보이니?
– 궁금이상자에서 콩이 그려져 있는 카드를 뽑았어. 이 카드는 어디에 붙이는 것이 좋을까?

4. 얼굴상자의 활동 방법을 소개한다.

– 선생님이 친구들이 더 재밌게 놀이할 수 있도록 또 가져온 것이 있어.
– 입이 뚫려 있는 얼굴상자에 이가 붙여져 있구나. 선생님이 여기 붙여져 있는 하얀 이를 반대로 뒤집어볼게. 어떤 점이 달라졌니?
– 그래, 흰 이를 뒤집으니까 검은 이가 나왔어.
– 하얀 이를 뒤집으니까 어떻게 된 것처럼 보이니?
– 이것을 가지고 우리가 어떻게 놀이할 수 있을까?
– 이에 좋은 음식을 이 얼굴상자가 먹었을 때는 이가 어떤 색이 될까?
– 반대로 이에 나쁜 음식을 먹었을 때는?

5. 정리 방법과 교구 사용 시의 주의점에 대해 이야기 나눈다.

– 이 교구를 가지고 논 다음에는 어떻게 정리하는 것이 좋을까?
– 선생님이 친구들이 자유선택활동시간에 놀이할 수 있도록 이 교구를 놔 둘 건데 우리가 이 교구를 더 오래, 재밌게 사용할 수 있도록 지켜야 할 점이 있을까?
– 카드와 이를 잃어버리지 않도록 해야겠다.

Memo

11 Chapter

언어 영역

1 숨은 단어 찾기

1) 제작

활동유형: 자유선택활동(언어 영역)

교구제작 순서

1. 돋보기 모형 만들기

1) 펠트지를 도안대로 자른다.
2) 돋보기 모형의 구멍은 글자판의 네모 크기에 맞추어 3.8×3.8cm로 자른다.
3) 네모난 구멍을 실로 꿰맨다.
4) 손잡이 부분부터 솜을 넣고 꿰맨다.

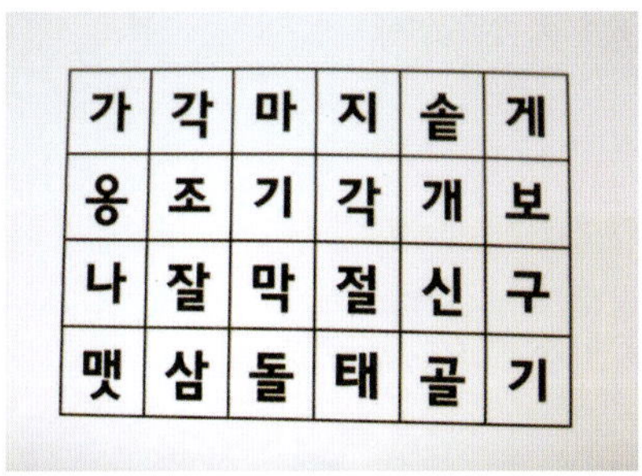

2. 글자판 틀 만들기

1) 앞면은 하드보드지를 이용하여 글자 퍼즐판이 보이도록 구멍을 내어 글자판 틀을 자른다.
   (앞 · 뒤 – 30.5×19.5cm
   앞의 구멍 – 23.5×15cm
   옆 – 0.8×19.5cm
   아래 – 30.4×0.8cm)
2) 초록색 색지를 코팅한 후 하드보드와 같이 자른다.
3) 앞, 뒤, 옆, 아래를 본드로 붙인다.
4) 자른 색지를 하드보드지에 붙인다.
5) 초록색 마스킹테이프로 이어진 부분이 보이지 않게 붙인다.

3. 단어카드 만들기

1) 색지를 10×15cm로 자른다.
2) 주제에 맞는 그림을 8×8cm로 자른 후 색지에 붙인다.
3) 그림에 맞는 단어카드를 8×4cm로 자른 후 그림 밑에 붙인다.
4) 윗부분을 펀치로 뚫어 주제에 맞는 카드끼리 분류한다.

가	각	마	지	솥	게
옹	조	기	각	개	보
나	잘	막	절	신	구
맷	삼	돌	태	골	기

4. 글자 퍼즐판 만들기

1) 23.5×15cm 크기의 표를 만든다.
2) 주제에 맞는 단어들을 한 칸씩 띄어서 쓴다.
3) 인쇄 후 코팅을 한다.

2) 활용

활동교육계획안

생활주제: 봄 · 여름 · 가을 · 겨울 **연령:** 만 5세

활동유형: 언어 영역 **활동명:** 숨은 단어 찾기

자료: 단어카드, 글자 퍼즐판, 돋보기 모형, 글자판 틀, 활동지

활동목표

- 사계절에 볼 수 있는 것들의 이름을 안다.
- 사계절 단어에 관심을 가진다.

활동내용

1. 지난 시간에 배웠던 사계절의 풍경에 대해 이야기 나눈다.

– 지난 시간에 봄, 여름, 가을, 겨울의 사계절에 대해 알아봤었지요.

2. 사계절에 볼 수 있는 것들에 대해 이야기 나눈다.

– 봄에 볼 수 있는 것들에는 어떤 것이 있을까?
– 봄에 피는 꽃에 대해 알고 있니?
– 여름(가을, 겨울)에는 어떤 것들을 볼 수 있을까?

3. '숨은 단어 찾기' 교구를 탐색한다.

– 이 카드 안에는 무엇이 쓰여 있을까?
– 카드에 쓰인 단어를 보면 어떤 계절이 생각나니?
– 이 글자판에는 우리들이 알아보았던 사계절에 대한 글자가 숨어 있대.
– 이 글자 퍼즐 속 글자들은 어떻게 찾을 수 있을까?
– 여기 글자 퍼즐 속 글자들을 찾을 수 있도록 돋보기 모형들을 가져왔어.
– 돋보기 모형으로 글자 퍼즐판에 숨겨진 글자를 어떻게 찾을 수 있을까?

4. 교구의 사용 방법에 대해 이야기 나눈다.

– 글자 퍼즐판을 선생님이 들고 있는 글자판에 끼워보자.

– 글자 퍼즐판을 끼운 다음 어떻게 해야 할까?
– 글자 퍼즐판에 어떤 글자가 숨어 있는지 쉽게 알아보려면 어떻게 하는 것이 좋을까?
– 여기 단어카드를 보면서 숨어있는 글자를 찾으면 더 쉽게 찾을 수 있겠다.

5. 교구를 사용할 때의 규칙에 대해 이야기 나눈다.

– 그럼 이 교구를 사용할 때 지켜야 할 점은 무엇일까?
– 또 다른 규칙이 없을까?

6. 교구의 정리 방법에 대해 이야기 나눈다.

– 이 교구는 어느 영역에 놓아두는 것이 좋을까?
– 선생님이 이 교구를 언어 영역에 가져다 놓을게.
– 교구를 사용한 후에는 어떻게 정리를 해야 할까?
– 글자판 틀에서 글자 퍼즐판을 빼내고, 선생님이 준비한 보관상자에 넣도록 하자.
– 단어카드는 사계절의 단어가 맨 앞에 보이도록 해서 보관상자에 넣도록 하자.

2 단어카드

1) 제작

활동유형: 자유선택활동(언어 영역)

교구제작 순서

1. 기본 틀 상자 만들기

1) 상자에 11×2cm의 구멍을 만든다.
2) 하드보드지를 15×20cm로 자른 후, 위와 아래 부분에 2~3cm 여분을 두고 칼집을 낸다(여분은 붙이는 곳이므로 접힐 수 있도록 칼로 자르지 않도록 유의한다).
3) 하드보드지를 상자 안에 반원이 되도록 구부린다. 여분 부분에 글루건으로 윗 직사각형의 윗부분(윗면), 아래 직사각형의 밑면에 붙인다(아래 직사각형 밑면에 붙일 때에는 카드가 나올 때 걸리지 않도록 미리 작동해본 후 밑면에 정확히 연결하여 붙인다).

2. 곰돌이 만들기

1) 갈색 펠트지로 곰돌이 도안을 그린 후 아래 직사각형으로 입이 되게 자른 후 버튼홀스티치를 한다(코, 귀, 입부분에는 납작 솜을 넣어 입체감을 준다).
2) 하드보드지를 상자 크기에 맞게 자른 후 양면테이프를 이용하여 상자 겉면에 붙인다.
3) 파란색 펠트지를 상자 각 면의 크기대로 자른 후 양면테이프로 하드보드지 위에 붙이고 그 위에 펠트지로 감싼다(곰돌이가 보이는 면은 곰을 미리 파란색 펠트지에 붙인다. 그리고 위 직사각형 부분은 잘라내지 않고, 상자 내부와 연결시켜 붙일 수 있도록 유의한다).

3. 단어카드 만들기

1) 단어카드를 45~50mm 크기로 복사한다(글자 수에 따라 크기를 조절한다).
2) 그림 크기를 6.5×6.5cm에 맞추어 복사한다.

3) 8×8cm 크기의 분홍색 색지에 앞면에는 그림카드, 뒷면에는 단어카드를 풀로 붙이고 코팅한다(글자상자에 넣었을 때 거꾸로 나오기 때문에 그림카드와 단어카드는 위아래를 반대 방향으로 붙인다).

4. 문장 구성판 만들기

1) 색지에 '누가', '무엇을', '해요'를 복사한 후 8×6cm로 잘라 코팅한다.
2) 검정색 마스킹테이프로 보드판 테두리를 감싼다.
3) 만든 단어카드를 두 번 코팅한다. 글자 수가 많은 단어는 크기를 작게 하고, 모서리 부분을 둥글게 자른다.

2) 활용

활동교육계획안

생활주제: 유치원과 생활 **연령:** 만 5세

활동유형: 이야기 나누기 **활동명:** 단어상자

자료: 곰돌이 단어상자, 그림카드, 단어카드, 화이트보드, 마카 펜

활동목표

- 자신의 하루일과를 말하고 쓸 수 있다.
- 유치원의 하루일과에 관심을 가진다.

활동내용

1. '유치원에 갑니다' 손유희를 한다.

2. 유치원에서의 하루일과에 대해 이야기 나눈다.
   - 유치원에서 우리는 무엇을 하며 보내지?
   - 유치원에서 무엇을 할 때가 제일 재미있니?
   - 하루일과 중 가장 기억에 남는 것은 무엇이니?

3. 단어상자 교구를 소개한다.
   - 선생님이 이번 시간에 새로운 교구를 가져와 봤어.
   - 무엇이 보이니?
   - 하나씩 자세히 살펴보도록 하자.

4. 곰돌이상자와 단어카드를 탐색한다.
   - 곰돌이상자에는 무엇이 보이니?
   - 구멍이 2개 있네.
   - 그림카드에는 무엇이 보이니?
   - 그리고 보드에는 무엇이라고 적혀있니?
   - 은빛 상자에는 무엇이 들어있는지 보자.

– 단어 카드에는 무엇이 적혀있는지 읽어볼까?

5. 단어상자의 사용 방법을 알아본다.

– 곰돌이상자는 어떻게 쓰는 것일까?
– 무엇을 넣어보면 좋을까?
– 선생님이 그림카드를 넣어볼게. 무엇이 나왔니?
– 그림카드를 넣었는데 무엇이 나왔니? (책)
– 같이 읽어볼까?
– (화이트보드를 보여주며) 이것은 어떻게 사용하면 좋을까?
– 그림카드를 보고 아까 보았던 단어카드로 문장을 만들어 볼 수 있겠다.
– 노란색 단어카드를 보드의 빨간색 부분에 붙이면 어떻게 될까?
– 색깔에 맞추어 문장을 만들어야 올바른 문장이 완성되겠다.
– 앞에 나와서 문장을 만들어 볼 친구 있니?

6. 사용 규칙에 대해 이야기 나눈다.

– 새로운 교구를 친구들이 오래 가지고 놀려고 하면 어떻게 사용하면 좋을까?
– 그림카드를 잃어버리지 않으려면 어떻게 해야 할까?
– 화이트보드에 문장을 만들고 어떻게 하면 좋을까?
– 상자를 소중하게 다루고 그림카드를 잃어버리지 않도록 사용 후 보관상자에 담아두도록 하자.

7. 활동에 대해 느낀 점을 이야기 나눈다.

– 새로운 교구에서 재미있던 부분이 있었니?
– 어떤 부분이 재미있었니?
– 아쉬웠던 부분이나 어려운 점이 있었니?
– 오늘 알아 본 교구를 언어 영역에 놓아두도록 할게.

3 글자낚시

1) 제작

활동유형: 자유선택활동(언어 영역)

교구제작 순서

1. 단어카드와 카드함 만들기

1) 생활도구, 동물, 과일주제의 그림카드를 5개씩 제작한다.
2) 카드함은 카드의 크기를 기준으로 사면에 1cm의 여유분을 두어 하드보드지를 자르고 순간접착제로 붙인다(카드가 들어갔을 때 그림과 글자가 맞는지 확인한다).
3) 색지를 코팅하여 카드함 크기에 맞게 자르고 양면테이프를 붙인 후 마스킹테이프로 마무리한다.

2. 글자 물고기 만들기

1) 하드보드지로 물고기 도안을 그린 후 펠트지를 자른다.
2) ◇ 모양 안에 글씨를 넣고 좌우대칭이 되게 한 후 전사지에 인쇄한다.
3) 전사지를 자르고 물고기의 앞면과 뒷면이 같은 위치에 오도록 꿰맨다.
4) 물고기를 꿰매다가 중간에 뒤집어서 안쪽 양면에 자석을 붙이고 솜을 넣는다(물고기를 합쳤을 때 자석이 서로 붙을 수 있게 한다).

3. 어항 만들기

1) 펠트지와 하드보드지를 어항 모양에 맞게 자른다.
2) 함석판을 잘라서 하드보드지 위에 붙이고 펠트지 위에 양면테이프를 사용하여 붙인다.
3) 함석판의 크기와 같은 펠트지를 잘라 어항 앞면에 꿰맨다(하드보드지의 경우 총 간격을 0.5cm 남기고 자른다).

4. 바다판과 낚싯대 만들기

1) 바다판은 상자에 펠트지를 붙이고, 상자 뚜껑 부분과 안쪽 부분에 각각 벨크로를 꿰맨다.
2) 펠트지로 바다 속 물건을 만들고 우드락본드로 붙인다.
2) 낚싯대는 손잡이와 줄, 강력자석을 순간접착제로 붙이고, 펠트지를 덧대어 꿰맨다.
3) 강력자석에 줄을 붙이고 펠트지를 감싸 꿰매고 줄과 연결하여 마무리한다(상자에 펠트지를 붙일 때 양면테이프로 붙이고 떨어지기 쉬운 곳에는 글루건을 사용하여 고정한다).

2) 활용

활동교육계획안

생활주제: 생활도구 **연령:** 만 4세

활동유형: 게임 **활동명:** 글자낚시

자료: 물고기 소리, 바다(상자), 물고기, 어항 2개, 낚싯대 2개, 단어카드, 단어카드 상자

활동목표

- 친숙한 생활도구의 이름 글자에 대해 알아본다.
- 생활도구의 쓰임새에 대해 말로 표현한다.
- 규칙을 지키면서 낚시 놀이에 즐겁게 참여한다.

활동내용

1. 물고기 니니의 편지를 듣고 이야기 나눈다.

– 오늘 아침에 바다에 사는 물고기 친구가 우리에게 할 말이 있다면서 문 앞에 편지를 놓고 갔어! 어떤 내용인지 잘 들어보도록 하자.

> 얘들아 안녕? 나는 깊은 바다 속에 사는 물고기 니니야. 내 등 위에는 글자 하나가 붙어있는데 어떤 글자가 있는지는 알 수 없어. 그래서 어떤 글자가 있는지 알려 줄 짝꿍이 필요해. 너희들, 얼마 전에 생활도구의 이름 글자에 대해 배웠다지? 나 말고도 다른 글자가 더 모이면 너희가 아는 생활도구의 글자가 될 수 있을 것 같은데. 나와 내 친구를 건져서 어항에 함께 놓아줄 수 있겠니? 부탁해~

– 이야기를 잘 들어보았니?
– 이야기 속에는 누가 나왔니?
– 니니는 어떤 부탁을 했지?
– 짝꿍을 어떻게 찾아야 할까?
– 오늘은 여러 생활도구의 글자를 낚는 낚시게임을 해보도록 하자.

3. 글자낚시를 할 때 필요한 도구에 대해 알아본다.

– 선생님이 낚시게임을 할 수 있도록 준비해 온 것이 있어. 어떤 것이 보이니?
– 너희들은 물고기가 있는 어항을 본 적이 있니?
– 그럼 우리가 물고기를 어항으로 옮기려면 어떤 물건이 필요할까?
– 이 낚싯대 말고도 더 준비해 온 것이 있어. (3가지 카드상자를 보여주면서) 어떤 것이 보이니?
– (파란색, 노란색, 빨간색 상자를 하나씩 보여주며) ~상자는 동그라미 구멍이 몇 개 뚫려있는 것 같니?
– 모두 잘 말해주었어. 이 상자 안에는 어떤 것이 들어갈 수 있을까?

4. 유아들과 활동 방법과 규칙에 대해 이야기 나눈다.

– 단어카드를 뽑으면 먼저 해야 할 일은 무엇일까?

활동 방법

1. 단어카드를 뽑는다.
   ex) 유아가 생활주제: 단어카드를 뽑을 때 글자의 개수는 같게 한다.
2. 단어카드의 글자 수와 같은 카드함에 단어카드를 넣는다.
   ex) 세 글자가 적힌 카드를 뽑으면 동그라미 구멍이 3개 있는 카드함에 넣게 한다.
3. 낚싯대로 물고기를 건져 올린다.
4. 어항에 글자에 맞는 물고기를 놓은 후 바르게 배치한다.
   ex) 카드함에 있는 글자를 보면서 배치하기

– 물고기를 낚으면 어디에 놓아두어야 할까?
– 우리가 물고기를 잡을 때 한꺼번에 여러 마리가 잡히면 어떻게 해야 할까?
– 우리가 물고기낚시를 할 때 지켜야 할 약속에는 어떤 것이 있을까?

5. 활동에 대한 시범 활동을 해 본다.

– 이 교구가 어떤 교구인지 앞에 나와서 해 보고 싶은 친구가 있니?
– 교구를 사용할 때 지켜야 할 약속에는 어떤 것이 있었니?
– 우리가 말한 약속을 지키면서 낚시를 해 보자.

6. 게임활동을 마무리하고 유아들의 느낀 점에 대해 이야기 나눈다.

- 오늘 물고기낚시를 해 보았는데 가장 재미있었던 점은 어떤 것이었니?
- ○○이는 어떤 글자가 있는 물고기를 낚아보았니?
- 그럼 다른 친구들은 어떤 물고기를 뽑아보았니?
- 그 생활도구는 어떨 때 사용하는 걸까?
- 낚시를 하면서 아쉬운 점이 있었니?
- 다음에 할 때는 어떻게 하면 더 재미있게 게임을 해 볼 수 있을까?

4 무슨 글자가 나타날까

1) 제작

활동유형: 자유선택활동(언어 영역)

교구제작 순서

1. 상자 틀 만들기

1) 상자는 18.5×26×0.7cm의 크기로 자른다(상자의 밑면은 철가루를 적게 넣을 경우, 더 작게 하도록 한다).
2) 폼보드도 상자 틀과 같은 크기로 도안을 그려 자른다.

2. 그림카드 만들기

1) 하드보드지에 2T 두께의 고무자석을 잘라 부착한다.
2) '생활도구' 그림을 색지에 붙인 뒤 코팅한다.
3) 색지를 하드보드지 위에 양면테이프로 부착한 후, 마스킹테이프를 같은 크기로 부착한다.

3. 철가루 주머니와 코팅지, 속지 부착하기

1) 상자 틀을 붙이기 전에 코팅지를 코팅해서 상자의 안쪽에서 윗구멍 부분에 부착한다.
2) 상자의 아랫구멍 부분에 코팅한 코팅지를 크기에 맞게 자르고, 양 옆에 양면테이프를 부착하여 주머니를 만든 뒤 테이프로 한 번 더 감싼다(코팅지에 흠집이 있으면 정전기로 인해 그 부분에 철가루가 붙어서 떨어지지 않으니 유의한다).
3) 코팅지 주머니에 철가루를 넣고 윗부분에도 양면테이프를 붙인 뒤 테이프로 감싼다(철가루 주머니를 만들 때 철가루를 너무 많이 넣으면 글자가 묻힐 수 있고 글자카드가 잘 안 들어갈 수 있으므로 유의한다).

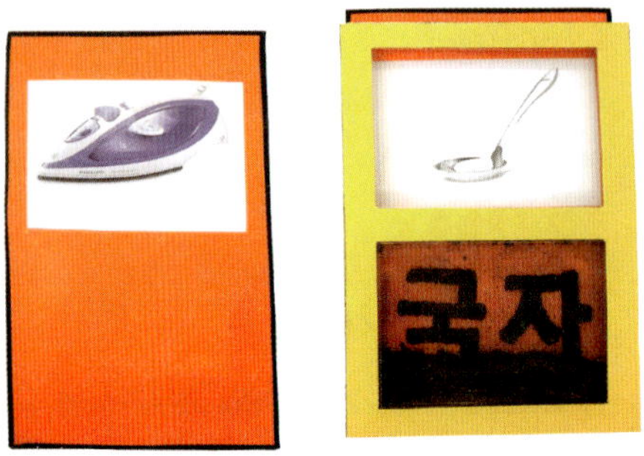

4) 모두 감싼 철가루 주머니를 상자의 아랫구멍에 테이프로 부착한다.

4. 철가루상자 완성하기

1) 하드보드지 위에 폼보드를 겹쳐서 만든 상자의 각 면을 순간접착제로 붙인다(상자의 옆면은 상자 아랫부분을 붙인 뒤에 붙이므로 1.1cm 정도로 늘어난다는 것을 감안한다).
2) 모서리 부분을 모두 마스킹테이프로 붙인다(마스킹테이프는 같은 크기로 맞춰서 붙인다. 윗부분은 구멍이 뚫려 있어서 상자 안쪽으로 마스킹테이프를 넣어 주어야 하므로 두께를 고려하여 0.2cm 정도 더 크게 잘라서 붙인다).
3) 상자 틀이 완성되면 그림카드를 넣어서 자석에 철가루가 잘 붙는지 확인한다(자석에 철가루가 잘 붙지 않는다면, 철가루를 더 넣거나 상자의 밑면 사이즈를 더 줄여서 철가루와 자석이 잘 접착되도록 한다).

2) 활용

활동교육계획안

생활주제: 생활도구 **연령:** 만 5세

활동유형: 언어 영역 **활동명:** 무슨 글자가 나타날까

자료: 철가루상자, 생활도구 자석 그림카드

활동목표

- 교구의 올바른 사용법을 안다.
- 교구를 이용하여 생활도구에 이름을 읽을 수 있다.
- 다양한 생활도구의 이름에 관심을 갖는다.

활동내용

1. 지난 시간에 배운 생활도구에 대한 내용을 회상한다.

– 지난 시간에 생활도구의 종류에 대해서 알아보았지.
– 생활도구의 이름 글자를 알고 있니?

2. 교구를 탐색한다.

– 하나의 카드를 보여주면, 이 그림 속 생활도구의 이름을 말해줘.
– 친구들 이 카드만 보고 그림 속 생활도구의 이름 글자를 알 수 있을까?
– 그래서 선생님이 이 카드의 짝꿍인 상자를 가져왔어.
– (상자를 들고) 이 상자가 어떻게 생겼니?
– 상자 앞에 이 부분들은 왜 투명하게 해놨을까?
– 이번에는 상자의 윗부분을 보자. 어떻게 생겼니?
– 상자 윗부분은 왜 뚫려있을까?
– 이 상자에 무엇을 넣으면 좋을까?

3. 교구의 용도와 원리를 알아본다.

– 이번에는 이 카드를 이 상자 속에 넣어 볼게.
– 위의 투명한 부분에 무엇이 보이니?

– 이 투명한 부분은 카드를 넣었을 때 사진을 볼 수 있도록 해 놓은 거였구나.
– 이 가루는 왜 넣어놨을까?
– 이번에는 상자를 한 번 흔들어 볼 거야.
– 무슨 글자가 보이니? 같이 읽어보자.
– 이 가루는 무엇이기에 글자가 나타났을까? 이 가루는 자석에 잘 붙는데, 자석에 잘 붙는 것에는 무엇이 있을까?
– 이 교구에 자석이 보이니?

사용법

1. 원하는 그림카드 한 개를 골라서 철가루상자에 넣는다.
2. 무슨 글자가 나타나는지 보면서 자석에 철가루가 잘 붙을 수 있도록 충분히 흔들어준다.
3. 다 붙은 것 같으면 글자가 선명하게 나오도록 철가루상자 옆 부분을 두드려준다.
4. 그림과 글자를 비교하면서 살펴본 뒤 그림카드를 뺀다.
5. 다른 카드를 넣어보기 전 철가루상자 밑 부분을 두드려서 철가루를 밑으로 내린다.

4. 교구 사용 시 유의점에 대해 이야기 나눈다.

– 우리가 이 교구를 오랫동안 잘 사용하려면 몇 가지 약속을 정해두어야 할 것 같아. 어떤 약속을 정해볼 수 있을까?
– 선생님이 우리가 지금 말한 약속들을 적어서 교구와 함께 놓아두도록 할게. 우리 모두 약속들을 잘 지켜서 이 교구를 오랫동안 잘 사용하도록 하자.
– '무슨 글자가 나타날까?'라는 교구를 알아보았어. 이 교구를 어느 영역에 두면 좋을까?

Memo

12 Chapter

음률 영역

1 레인드롭

1) 제작

활동유형: 자유선택활동(음률 영역)

교구제작 순서

1. 틀 만들기

1) 속대(심)에 나선형의 일정 간격으로 못을 박는다(보다 큰 소리를 내고 싶을 경우 못을 좀 더 촘촘히 박는다).

2. 내용물 넣기

1) 속대에 플라스틱 조각, 쌀, 강낭콩, 단추, 유리구슬을 넣는다.
2) 동그라미 모양의 마개는 하드보드지에 속대를 대고 원을 그린 후 가위로 자른다.
3) 내용물을 넣은 후 글루건으로 마개를 붙인다.

3. 속대 표면 꾸미기

1) 속대에 맞게 펠트지를 자른다(몸통에 붙일 네모 모양과 위와 아래 부분에 붙일 동그란 모양을 준비한다).
2) 각 레인드롭 소리에 맞게 펠트지를 꾸민다. 아이보리 펠트지에 빗방울과 구름, 땅 모양을 우드락본드로 붙인다(소리에 맞게 빗방울 색깔, 크기, 구름의 색깔을 다르게 한다).
3) 꾸민 펠트지를 속대의 몸통에 두르고 박음질을 한다. 위, 아래 부분의 동그라미 모양은 버튼홀스티치를 하여 몸통과 연결한다.

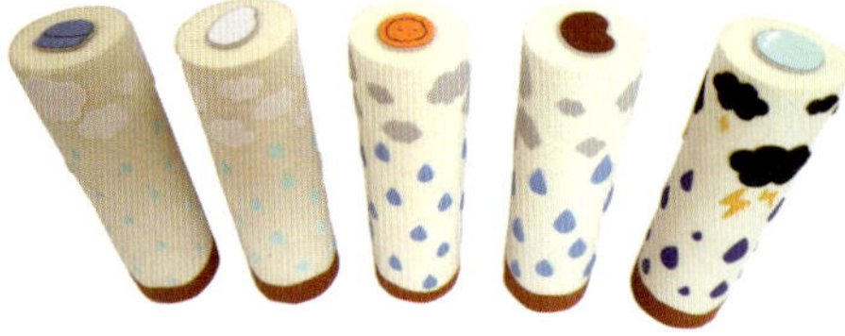

4. 레인드롭 위아래 꾸미기

1) 내용물(플라스틱 조각, 쌀, 단추, 강낭콩, 유리구슬)의 모양을 펠트로 오린다(플라스틱 조각은 그림으로 표현이 어려우니 페트병으로 나타낸다).
2) 각 내용물의 그림에 회색 펠트지를 덧대어 그림이 돋보이게 한다.
3) 완성된 그림을 레인드롭 윗부분에 홈질하여 고정시킨다(그림을 우드락본드로 한 번 붙여주고 홈질을 해주면 보다 견고해진다).

2) 활용

활동교육계획안

생활주제: 봄 · 여름 · 가을 · 겨울　　**연령:** 만 5세
활동유형: 자유선택활동　　**활동명:** 레인드롭
자료: 레인드롭 5개, 빗소리, 빗방울 전주곡
활동목표

- 레인드롭에 꾸며진 그림에 따라 소리가 달라짐을 안다.
- 노래에 맞춰 레인드롭을 연주할 수 있다.
- 레인드롭에 관심을 갖는다.

활동내용

1. 빗소리를 탐색한다.

- 선생님이 우리 주변에서 쉽게 들을 수 있는 소리를 녹음해왔어. 어떤 소리인지 잘 들어보도록 하자.
- (빗소리 녹음을 들려준다) 잘 들어보았니? 어떤 소리인 것 같니?
- 너희들이 말한 것처럼 이 소리는 빗소리였어.
- 빗소리를 들으니 어떤 느낌이 들었니?
- 선생님은 비가 오니까 시원하다는 느낌이 들었어.
- 그래서 다 같이 빗소리를 연주해보면 좋을 것 같아서 빗소리가 나는 악기를 준비해왔어. 정말 빗소리가 나는지 이 악기에 대해서 알아보도록 하자.

2. 레인드롭을 소개한다.

- (악기의 소리를 들려주며) 빗소리가 나는 이 악기의 이름은 무엇일까?
- ○○이는 방울이라고 생각하고, □□이는 '도르륵' 소리가 나서 도르륵일 거라고 생각했구나.
- 이 악기는 비가 떨어지는 소리가 난다고 해서 빗방울이란 뜻으로 '레인드롭'이라고 불러.
- 이 속에는 무엇이 들어있을까?
- 레인드롭 위에 무엇이 들어있는지 그림이 있어. 무엇인 것 같니? 페트병이

라고 생각했구나. 그래, 여기 안에는 페트병 조각이 들어있어.
- 이 레인드롭들은 무엇이 다른 것 같니?
- 빗방울의 크기와 색깔이 다르구나. 그러면 이 레인드롭의 소리가 같은 소리를 낼까? 아니면 다른 소리를 낼까?
- 소리가 다를 것 같구나.
- 이 5개의 레인드롭의 소리를 들어보도록 하자.

3. 레인드롭의 연주 방법을 알아본다.

- 여러 가지 방법으로 레인드롭을 움직여 빗소리를 내어보자.
- 위아래로 흔들어 볼 수도 있고, 선생님이 연주했던 것처럼 위아래로 뒤집어서 소리를 내볼 수 있겠구나. 또 어떻게 움직여서 소리를 낼 수 있을까?
- 지난 음악시간에 감상한 "빗방울 전주곡"에 맞추어 연주해 보면 어떨까?
- 먼저 1모둠 친구들이 나와서 음악에 맞추어 연주해 보자.

4. 레인드롭을 탐색한 것에 대해 이야기 나눈다.

- 레인드롭에서 무슨 소리가 났었니?
- 빗소리를 내기 위해 레인드롭을 어떻게 움직였었니?
- 가장 작은 소리를 냈던 레인드롭은 빗방울의 크기는 어떠했니? 색깔이 어떠했니?
- 레인드롭의 소리들이 다 같았니? 왜 다른 소리가 났니?
- 가장 기억에 남는 레인드롭은 무엇이니?
- 빗소리가 나는 레인드롭은 어느 영역에 놓아두면 좋을까?
- 우리가 레인드롭에 대해서 알아보았는데 어떤 점이 좋았니? / 어떤 점이 힘들었니?

2 동물 딸랑이

1) 제작

활동유형: 자유선택활동(음률 영역)

교구제작 순서

1. 도안 그리기

1) 종이에 동물 모양 도안을 그리고 자른다.
2) 종이 도안을 펠트지에 대고 그린 후 자른다(한 쌍에는 앞 · 뒷면을 포함해 총 4장이 필요하다).

2. 동물의 얼굴 모양 만들기

1) 손잡이 부분이 될 구멍을 만든다.
2) 동물 얼굴의 특징을 살려 꾸민 후, 우드락 본드로 붙인다.
3) 방울을 달아줄 위치를 표시한다.

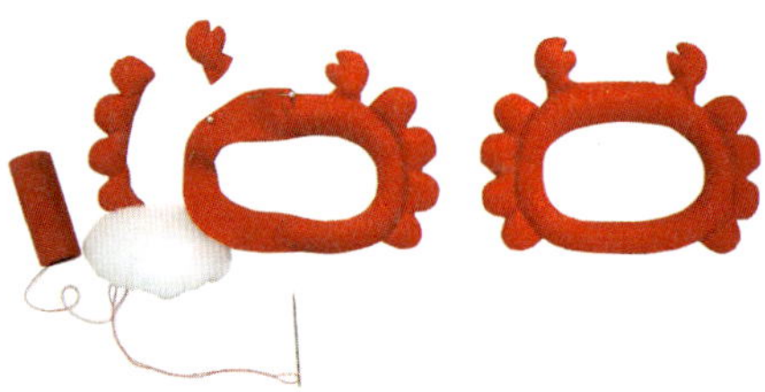

3. 솜을 넣어 꿰매기

1) 솜을 넣어 버튼홀스티치를 한다(꽃게의 집게발과 몸통을 연결할 때는 박음질로 바느질을 한다).

4. 방울 달기

1) 동물 딸랑이와 같은 색의 실로 방울과 펠트지 끝 부분을 관통하여 방울을 단다.

2) 활용

활동교육계획안

생활주제: 동식물과 자연 **연령:** 만 3세

활동유형: 음률 영역 **활동명:** 동물 딸랑이

자료: 동물 딸랑이(닭, 병아리, 게, 곰)

활동목표

- 동물에 관심을 가진다.
- 동물의 특성을 동작으로 표현할 수 있다.
- 소리의 아름다움을 느낀다.

활동내용

1. 퀴즈로 흥미를 유발한다.

- 오늘 동물 퀴즈를 준비해왔어. 잘 듣고 같이 맞춰보자.
- 동물의 울음소리를 들려줄 거야.
- (닭 울음소리를 들려준다) 어떤 동물의 울음소리 같니?
- (병아리 퍼즐을 준비한다) 이번에는 퍼즐 한 조각을 보여줄게. 어떤 동물일 것 같니?
- (곰 그림자를 보여준다) 어떤 동물일 것 같니?
- 왜 그렇게 생각했니?
- 이번에는 동작으로 표현해 볼 거야.
- 어떤 동물일 것 같니?
- 왜 그렇게 생각했니?

2. 방울소리를 듣고 탐색한다.

- 방금 낸 퀴즈에 어떤 동물들이 나왔지?
- 선생님이 닭, 병아리, 게, 곰과 관련된 교구를 준비해 왔어.
- 무슨 소리가 들리니?
- 어떤 동물의 소리를 표현한 것 같니?

3. 놀이 방법에 대해 이야기 나눈다.

– 이건 딸랑이라고 해.
– 어떻게 놀이해 볼 수 있을까?
– 그래, 흔들어 볼 수 있겠다.
– 딸랑이를 흔들 때 무엇이 있으면 더 신나게 흔들 수 있을까?
– 이번에는 노래에 맞춰서 흔들어보도록 하자.
– 병아리를 흉내내면서 딸랑이를 어떻게 흔들 수 있을까?
– 곰은 어떻게 흉내낼 수 있을까?
– 곰의 모습은 어떠니?
– 그럼 딸랑이를 어떻게 흔들 수 있을까?
– 닭을 흉내낼 친구 있니?
– 게는 어떻게 표현해볼까?

놀이 방법

1. 동물 딸랑이를 나누어 갖는다.
2. 딸랑이를 노래에 맞추어 흔든다,
3. 동물 흉내를 내며 흔든다.
4. 놀이를 마친 후에는 같은 동물끼리 동물 딸랑이를 가지런히 모아 놓는다.

4. 정리 방법에 대해 이야기 나눈다.

– 이 동물 딸랑이는 어느 영역에 두면 좋을까?
– 놀이하고 나서 다음에 놀이할 친구를 위해 교구를 어떻게 해야 할까?
– 선생님이 준비한 보관상자에 넣고 뚜껑을 잘 닫아 놓자.

참고문헌

권옥자, 유혜숙, 배인자, 윤애희, 정은주, 박정민(2015). **유아를 위한 교수공학과 매체**. 경기: 형설출판사.

김유정, 김정원(2011). **교재교구 연구 및 지도법**. 경기: 양서원.

박인숙, 박정민(2002). **창의적 교재교구 연구**. 서울: 창지사.

박찬옥, 정남미, 곽현주(2014). **놀이지도**. 경기: 정민사.

이대균, 송정원(2006). **영유아를 위한 교재교구 연구 및 지도**. 경기: 양서원.

이인원, 양진희, 이은진(2016). **유치원 교사를 위한 교육공학 및 교수매체 이론과 실제**. 경기: 양성원.

정상녀, 박미자, 박형신, 김경란(2010). **교과교재 연구 및 지도법**. 경기: 공동체.

네이버 백과사전 '교재교구' 검색(2019): https://terms.naver.com/entry.nhn?docId=1065621&cid=40942&categoryId=31723

저자소개

백은주
한국교원대학교 대학원 박사
현 목원대학교 사범대학 유아교육과 교수

한선아
서울여자대학교 대학원 박사
현 목원대학교 사범대학 유아교육과 교수

강민정
이화여자대학교 대학원 박사
현 목원대학교 사범대학 유아교육과 교수

박지선
배재대학교 대학원 박사
현 목원대학교 사범대학 유아교육과 교수

유아교과교재 연구 및 지도법

초판 1쇄 인쇄 / 2019년 2월 22일
초판 1쇄 발행 / 2019년 2월 28일

공저자 / 백은주·한선아·강민정·박지선
발행인 / 이 중 수
발행처 / 동 문 사

서울특별시 서대문구 홍제원 1길 12
(홍제동 137-8)
Tel : 02)736-3718(대), 736-3710, 3720
Fax : 02)736-3719

등록번호 : 1974.04.27 제9-17호
가격 : 20,000원

ISBN : 979-11-6328-037-8 (93370)

E-mail : dong736@naver.com
Homepage : www.dongmunsa.com